大学入学共通テスト
対応の基礎 **30日完成**

日本史
問題集

會田康範 著

山川出版社

は じ め に

　2020年度入試をもって，これまで続いてきた大学入試センター試験が終わり，2021年度入試から新たな大学入学共通テストが始まりました。大学入試センターでは，2017年と2018年の２度にわたりこの新テストに向けての試行調査，いわゆるプレテストを実施し，それをふまえ共通テストが導入されたのです。このプレテストと共通テストの実施問題を分析し，今後の共通テストの出題傾向と対策を推測して，直前対策用として編んだのが本書です。テストが目前に迫った受験生向けに，どのように勉強したら効果的か，問題を創作し30日間で可能な限り新テストの出題傾向を把握できるようにしてあります。

　プレテストおよび共通テストで実際に出題された問題からは，歴史の学習は単なる暗記ではなく，提示された情報を読み取り，解釈し，表現するという過程，すなわち歴史的思考を問おうというメッセージや姿勢がうかがえます。

　本書では，共通テストの出題構成にならい全６問で大問を構成し，第１問から第５問は原始・古代から近代・現代という時代区分にそった問題，最後の第６問で通時的な問題に取り組むかたちになっています。そして，それぞれの大問のリード文には，主題学習のようす，文化祭などの学校生活，長期休暇中に取り組む課題，あるいは日常生活も含め，あらゆる場面を想定して問題がつくられています。

　こうした点は，センター試験から引き継がれた特徴でもあり，今後もその傾向は変わらず，むしろ強まる可能性もあると思われます。意外な場面設定もあるかもしれませんが，どのような問題であっても基礎・基本がしっかりしていて，なおかつ，この問題集でその雰囲気や出題傾向に慣れておけば，落ち着いて問題に向き合うことができるはずです。

　また，共通テストでは単純に史実としての知識や年代が暗記できているかを問う出題ではなく，用語の意味する内容や事象の歴史的背景，因果関係などを概念的に理解できているかといった深い理解が求められる出題，与えられた情報を多面的・多角的な側面から考える思考力を問う出題も増えるでしょう。現在と対比したり，画期を見極めたり，同じ内容を意味する言葉や文章を別の表現に置き換えたりする学習に慣れておくことが肝要です。

　本書がこうした課題に対応できるよう，直前対策用として皆さんのお役に立つことができれば，著者としてたいへん嬉しく思います。皆さんがそれぞれの目標を達成できますよう，心から応援しています。

會田康範

本書の構成と上手な使い方

　本書は，過去に実施された試行調査と大学入学共通テストの出題構成にならい，編成しました。各大問は原始・古代の時代別問題を5題，中世を5題，近世5題，近代・現代を10題，通時的テーマ問題として5題で合計30題となっているので，1日1題のペースで解いていけば，30日で共通テスト形式の問題に慣れることができます。各章の冒頭には，出題形式や要求される能力についてポイントをまとめています。問題を解答していくにつれ，出題に慣れてくるので，本番の試験に対する不安が解消されていくはずです。

　また，内容的には思考力や史資料の読解力を要求する出題とともに，基礎・基本にも配慮しました。すべての時代の細部にわたって網羅的な知識を問うような設問にはなっていないため，基本的な通史問題集や史料問題集で知識を身に付けた上で直前対策用としてこの問題集に取り組むことをおすすめします。本書を通して，これまで蓄えてきた知識を実際の共通テストでどのように活用することが求められているのか，確かめてほしいと願います。

目　次

時代別問題〈原始・古代〉

木簡　木簡は古代史に新たな史実を加え，さまざまな疑問を解明する貴重な一次史料である。「天皇」号が記されたこの木簡は，奈良文化財研究所が飛鳥池遺跡で発見した。同所からは7世紀後半と推定される紀年木簡も出土し，これにより「天皇」号の使用時期も解き明かされることになった。

出題傾向と解法の手引き

　第1章では，原始・古代の内容を取り上げます。さまざまな史資料を読み解き，そこから情報を正確に導き出す力や，概念図・模式図・年表などに加工された史実を考察する能力が必要になってきます。利用される史資料も幅広く，文字史料以外にも考古遺物や遺跡，絵図などが素材として利用されています。

　そのため，基本的な史料集を確認するとともに，教科書や図録に掲載されている図版にもれなく目を通し，そこに付された解説も読んでおきたいものです。

1 原始・古代の遺跡と遺物

◆Aさん，Bさん，Cさんの3人は，夏休みの課題で最寄りの歴史民俗博物館を見学し，興味を抱いた遺跡や遺物について調べることにした。これに関し，後の問い（**問1～6**）に答えよ。

〔資料〕

X 縄文時代における原産地別黒曜石の分布

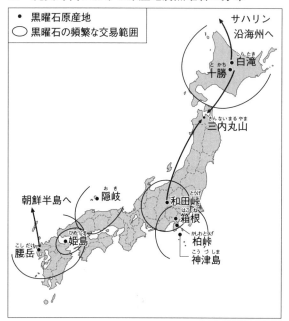

・黒曜石原産地
◯黒曜石の頻繁な交易範囲

サハリン
沿海州へ

白滝
十勝

三内丸山

朝鮮半島へ
隠岐
和田峠
箱根
姫島
腰岳
柏峠
神津島

Y 黒曜石の解説パネル

> 黒曜石は，ガラスのように鋭利な断面をもっている。

問1 Aさんは**資料X・Y**について，次のように自発的に調べた結果をノートにまとめ，先生にみせたところ，先生からその理由について，**仮説**を立てるよう助言を受けた。立てた**仮説**の中で**適切でないも の**を，下の①～④のうちから一つ選べ。

〔Aさんがノートにまとめた内容〕

・黒曜石は原産地から広範囲に分布している。
・神津島産の黒曜石が本州にも分布しているので，縄文人は外洋を航海する技術を備えていたことが推測できる。
・黒曜石はガラスのように鋭利な断面をもつと解説されているので，ナイフのように利用されていた。

〔仮説〕

① 内陸部での流通経路としては河川が利用されていたのではないか。
② 黒曜石を手作業で加工する技術を身につけていたのではないか。
③ 貴重な黒曜石の所有を通じ，人々の中に貧富の差が生まれていたのではないか。
④ 本州以外でも，黒曜石の原産地を中心とした交易圏が存在していたのではないか。

問 2　Aさんは，縄文人の精神生活に関する**遺物**としてX・Yを取り上げ，その**説明文**を書いた。その正誤の組合せとして正しいものを，下の①～④のうちから一つ選べ。

〔遺物〕

X

Y

〔説明文〕

X　女性をかたどった土偶は，女性の通過儀礼として成人式の際に製作されたものと考えられる。

Y　成人と思われる頭がい骨に抜歯した痕跡があるのは，殺菌が不十分な食生活による虫歯が原因であると考えられる。

①　X—正　Y—正　　　　②　X—正　Y—誤

③　X—誤　Y—正　　　　④　X—誤　Y—誤

問 3　Bさんは，弥生時代になり，人々の間で収穫などをめぐる紛争が生じたことに興味をもち，次の**史料Ⅰ**に注目した。この**史料**に関連する説明として正しいものを，下の①～④のうちから一つ選べ。

〔史料Ⅰ〕

> 建武中元二年，倭の奴国，貢を奉じて朝賀す。使人自ら大夫と称す。倭国の極南界なり。光武，賜ふに印綬を以てす。安帝の永初元年，倭の国王帥(師)升等，生口百六十人を献じ，請見を願ふ。桓霊の間，倭国大いに乱れ，更相攻伐して歴年主なし。　　　　（『後漢書』東夷伝）

①　貢物を奉じた王は，中国や朝鮮半島から先進的文物を得る上で有利な位置にあった。

②　奴国の王は，後漢の光武帝に臣従した証として金印を作り献上した。

③　倭の国王は，生口と称された奴隷を光武帝に献上し，同盟関係を結んだ。

④　倭の内部で大乱が生じた結果，環濠集落は解体された。

問4 Bさんが弥生時代の生活について調べた際，銅鐸に描かれた絵画に興味をもち，次のX・Yを取り上げた。その**説明文**の正誤の組合せとして正しいものを，下の①～④のうちから一つ選べ。

X 　Y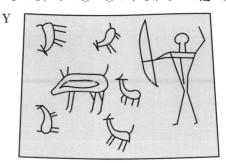

〔説明文〕

甲　Xは脱穀する場面で，農作業として臼が使われていたことがわかる絵画である。

乙　Yは牛馬耕する場面で，荒れ地を耕すことが困難だったことがわかる絵画である。

① 甲―正　乙―正　　② 甲―正　乙―誤

③ 甲―誤　乙―正　　④ 甲―誤　乙―誤

問5 Cさんは，5世紀のヤマト王権の拡大に興味をもち，同時期の埼玉県の稲荷山古墳から出土した鉄剣の表面に**史料Ⅱ**のように刻まれた文字に注目した。Cさんがこの記載内容をまとめた次文の（ A ）・（ B ）に入る語句の組合せとして正しいものを，下の①～④のうちから一つ選べ。

〔史料Ⅱ〕

〔表〕
辛亥年＊七月中記す。乎獲居臣，上祖の名は意冨比垝，其の児多加利足尼，其の児名は弖已加利獲居，其の児名は多加披次獲居，其の児名は多沙鬼獲居，其の児名は半弖比，

〔裏〕
其の児名は加差披余，其の児名は乎獲居臣，世々杖刀人の首と為り，奉事し来り今に至る。獲加多支鹵大王の寺，斯鬼宮に在る時，吾，天下を左治し，此の百練の利刀を作らしめ，吾が奉事せる根原を記す也。

（稲荷山古墳出土鉄剣銘）

＊辛亥年……471年の可能性が高い。

〔Cさんのまとめ〕

・この文字が書かれたのは辛亥という年の7月であった。

・この古墳に埋葬されている人物は乎獲居臣である。

・ここには，乎獲居臣の祖先の名前が列記されている。

・獲加多支鹵大王が（ A ）を支配している時，乎獲居臣は杖刀人として（ B ），そのことをここに記すものである。

① A―天下　B―仕えてきた　　② A―天下　B―抵抗してきた

③ A―中国　B―仕えてきた　　④ A―中国　B―抵抗してきた

問6 Cさんは，この鉄剣と同じ時期の遺跡や遺物を調べてみた。それに該当するものを，下の①〜④のうちから一つ選べ。

①

②

③

④

◆Aさんは授業で課された「律令制の形成と展開」についてのレポートを書くために，次の**史料**を集めた。これに関し，後の問い（**問1～6**）に答えよ。

〔**史料Ⅰ**〕

　　　（大化）二年春正月甲子の 朔，賀正の礼畢りて*①，即ち改新之 詔 を宣ひて 曰 く，

　　其の一に曰く，昔在の天皇等の立てたまへる子代の民*②，処々の屯倉*③，及び，別には臣・連・伴造・国造・村首の所有る部曲の民*④，処々の田荘*⑤を罷めよ。仍りて食封を大夫より以上に賜ふこと， 各 差有らむ*⑥。降りて布帛を以て，官人・百姓に賜ふこと，差有らむ。……

　　其の二に曰く，初めて京師を修め*⑦，畿内・国 司 ・郡 司 ・関塞・斥候・防人・駅馬・伝 馬を置き，鈴 契 を造り，山河を定めよ。……

　　其の三に曰く，初めて(a)戸籍・計帳・班田収授の法を造れ。……

　　其の四に曰く，旧の賦役を罷めて*⑧，田の 調 を行へ。……別に戸別の調を収れ。　（『日本書紀』）

　　　*①終ってから　*②天皇たちに設けられていた直属民　*③直轄地　*④豪族の私有民　*⑤豪族の私有地

　　　*⑥それぞれの地位に応じて与える。　*⑦都をつくり　*⑧旧来の税制を廃止して

〔**史料Ⅱ**〕

　　　（延暦十二年正月）甲午，大納言藤原小黒麿，左大弁紀古佐美等を遣はし，山背国葛野郡宇太村の地を相せしむ。都を遷さむが為なり。（延暦十三年十月）丁卯……都を遷す。 詔 して 曰 く，「云々。葛野の大宮の地は，山川も 麗 しく，四方の国の百姓の参出で来る事も便りにして，云々」。……十一月丁 丑，詔したまはく「云々。山勢 実 に前聞に合ふ，云々。此の国山河襟帯，自然に城を作す*⑨。斯の形勝に因り，新号を制すべし。宜しく(b)山背国を改めて山城国と為すべし」と。又子来の民*⑩，謳歌の 輩，異口同辞，号して(c)平安京と曰ふ。　　　　　　　　　　　　　　　（『日本紀略』）

　　　*⑨山河が囲み自然の要塞となっている。　*⑩天子の徳を慕ってやってくる人々

〔**史料Ⅲ**〕

　　　（寛仁二年十月）十六日乙巳，今日，女 御藤原威子を以て皇后に立つるの日なり。　前 太政大臣の第三の娘なり，一家三后を立つること，未だ曾て有らず。……(d)太閤，下官を招き呼びて云く，「和歌を読まむと欲す。必ず和すべし」者。答へて云く，「 何 ぞ和し奉らざらむや」。又云ふ，「誇りたる歌になむ有る。但し宿 構 に非ず」者。「此の世をば我が世とぞ思ふ望月の　かけたることも無しと思へば」。余申して云く，「御歌優美なり。酬 答に方無し，満座只此の御歌を誦すべし。……」と。諸卿，余の言に響応して数度吟詠す。　　　　　　　　　　　　　　　　　　　　　　　　（『小右記』）

問1 史料Ⅰから読み取れる内容A〜Dについて，土地に関することを甲，人々に課せられる負担に関することを乙として，甲・乙の組合せの正しいものを，下の①〜④のうちから一つ選べ。

A　天皇や豪族が土地を私有することは否定された。

B　地方の行政区画は定まっていなかった。

C　食封という負担が課せられた。

D　班田収授により支給された田に税が課せられた。

①　甲—A　乙—C　　　②　甲—A　乙—D

③　甲—B　乙—C　　　④　甲—B　乙—D

問2 下線部ⓐに関連する年表中の（　X　）・（　Y　）に入る文A〜Dの組合せとして正しいものを，下の①〜④のうちから一つ選べ。

〔年表〕

7世紀	庚午年籍が作成される。
8世紀	班給する（　X　）を奨励する。
9世紀	（　Y　）ため偽籍が行われる。
10世紀	班田収授が行われなくなる。

A　墾田が不足したため開墾

B　口分田が不足したため開墾

C　租税の負担を軽くする

D　妻問婚が増加した

①　X—A　Y—C　　　②　X—A　Y—D

③　X—B　Y—C　　　④　X—B　Y—D

問3 下線部ⓑに関連して，この国に造営された都について述べた文甲・乙の正誤の組合せとして正しいものを，下の①〜④のうちから一つ選べ。

甲　この都の造営を主導した藤原種継が暗殺されたことにより，造営は断念された。

乙　藤原広嗣の乱の影響を受け，天皇はこの国に都を移した後もさらに都を転々とした。

①　甲—正　乙—正　　　②　甲—正　乙—誤

③　甲—誤　乙—正　　　④　甲—誤　乙—誤

問4 下線部ⓒの造営とともに実施された蝦夷征討は，民衆の大きな負担であった。これに対し，天皇が講じた対策として正しいものを，下の①〜④のうちから一つ選べ。

①　少数精鋭の健児を編成し，直属軍を派遣して蝦夷征討を継続した。

②　遠征に参加する民衆に対し報酬を与え，不満をそらした。

③　多賀城を築き，蝦夷が反抗しないように金品を分け与えた。

④　民衆を苦しめることをやめるべきとの提案を受け，蝦夷征討を中止した。

問5 下線部ⓓは藤原道長を指すが，この**史料**が記された当時の藤原氏について述べた文A〜Cとそれに関連する**図版**ア〜ウの組合せとして正しいものを，下の①〜⑥のうちから一つ選べ。

A 源氏と平氏の対立に，摂関家の継承争いがからみ戦乱が起こった。

B 3代の天皇にわたる長期間，摂政・関白の地位にあった。

C 法華経を書写し吉野の金峯山に埋納した。

〔図版〕

ア 『平治物語絵巻』(六波羅行幸巻)

イ 経筒

ウ 平等院鳳凰堂

① A—ア ② A—ウ ③ B—イ
④ B—ウ ⑤ C—ア ⑥ C—イ

問6 史料Ⅰ～Ⅲに情報Aを加え，それらを時代順に並べると，Ⅰ→Ⅱ→A→Ⅲとなる。Aの内容として正しいものを，下の①～④のうちから一つ選べ。

① 諸国に国分寺と国分尼寺を造らせることにした。

② 道鏡が天皇の支持を得て権力を握り，仏教政治を行った。

③ 藤原元命が尾張国司として暴政を行い，郡司や有力農民らに訴えられた。

④ 摂関家の継承をめざし，兄藤原忠通と弟の頼長が争った。

◆古代の土地開発について調べ学習を行っているＡさん，Ｂさん，Ｃさんは，各地の具体的なようすを理解しようとして絵画資料や復元模型を調査することにした。次にあげた三つの**資料**に関し，後の問い（**問1～6**）に答えよ。

〔資料〕

Ⅰ　桛田荘絵図（模写）

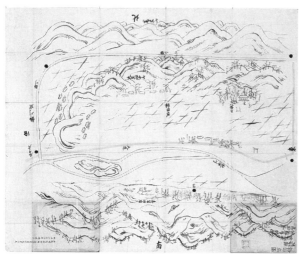

Ⅱ　武蔵国都筑郡家復元模型

Ⅲ　東大寺領道守荘開田図（概念図）

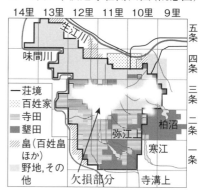

問1　Ａさんは，**資料Ⅰ**の絵図から甲・乙二つのことを読み取った。その正誤の組合せとして正しいものを，下の①～④のうちから一つ選べ。

甲　この荘園と隣接する別の荘園の領域には，境界が設定されていた。

乙　人々は，道沿いや山すそに集落を営んで生活していた。

① 甲―正　乙―正　　　② 甲―正　乙―誤

③ 甲―誤　乙―正　　　④ 甲―誤　乙―誤

問2 資料Ⅰの絵図が12世紀後半に作成されたと推定されていることを知ったＡさんが，その頃の土地制度や農業について以下のようにまとめた。まとめとして**ふさわしくないもの**を，下の①～④のうちから一つ選べ。

〔Ａさんのまとめ〕

① 開発に適した土地には，灌漑に利用できる河川があった。

② 人々は安定した農業のために，神仏を信仰した。

③ 荘園は領域が設定され，領主のもとで荘民たちにより開発が進められた。

④ 荘園はこの地域を統治する郡司が管理し，地域の農民を使って開発を進めた。

問3 Ｂさんは**資料Ⅱ**に基づき，律令制度における地方支配について以下のように考察した。**考察した結果**と**仮説**の（ 甲 ）・（ 乙 ）に入るものの組合せとして正しいものを，下の①～④のうちから一つ選べ。

〔考察した結果〕

この郡家の構造は（ 甲 ），政庁のほか政務に必要な施設が複数設けられている。

〔仮説〕

この時期の租税は（ 乙 ），その財源として使われていた。

甲　X　地方行政を担う国衙と同様に

　　　Y　国司が赴任せず実態のない国衙と異なり

乙　a　中央の政府に送られ

　　　b　それぞれの地方で管理され

① 甲―X　乙―a　　　② 甲―X　乙―b

③ 甲―Y　乙―a　　　④ 甲―Y　乙―b

問4 Ｂさんが武蔵国都筑郡や郡家について調べた**甲・乙**の内容に関して，その正誤の組合せとして正しいものを，下の①～④のうちから一つ選べ。

甲　都から同心円状に地方にのびる七道の一つである東山道に位置している。

乙　官道(駅路)と離れた郡家などを結ぶ伝路が，交通体系の網の目を構成した。

① 甲―正　乙―正　　　② 甲―正　乙―誤

③ 甲―誤　乙―正　　　④ 甲―誤　乙―誤

問5 Ｃさんが，**資料Ⅲ**から読み取った内容として正しいものを，下の①～④のうちから一つ選べ。

① 荘園内の開発や耕作は荘園内で暮らす農民が行った。

② 荘園は条里制に基づく区画を無視して開発を進めた。

③ 東大寺の僧侶は開発のため，たびたび現地に赴き灌漑や土木作業に従事した。

④ 荘園内に荘民が暮らしておらず，耕作は周辺の農民が行っていた。

問6 Cさんは，奈良の東大寺の荘園が北陸地方に多いことを知り，その背景として以下のような**仮説**を考えた。文中の（　甲　）・（　乙　）に入るものの組合せとして正しいものを，下の①〜④のうちから一つ選べ。

〔仮説〕

　　有力な大寺院であった東大寺は，（　甲　）政府の保護を受けていたので，（　乙　）を得て，開発を進めることが可能であった。

甲　X　仏教の力で国家の安定を図ることで

　　　Y　多額な租税を国家に納めることで

乙　a　地方の郡司らの協力

　　　b　天皇や摂関家の協力

① 甲—X　乙—a　　　② 甲—X　乙—b

③ 甲—Y　乙—a　　　④ 甲—Y　乙—b

　古代の対外関係

◆古代の対外関係をまとめた以下の**年表**について，後の問い（**問1〜6**）に答えよ。

〔年表〕

607年	遣隋使として小野妹子らを派遣した。……甲
630年	遣唐使の派遣が始まった。
663年	（　A　）で国内に危機感が高まった。
727年	渤海使が初めて来日した。……乙
894年	（　B　）の進言により，遣唐使の派遣が中止された。
1019年	（　C　）が九州を襲撃し，藤原隆家がこれを撃退した。

問1　甲について，7世紀初めの日本と隋の関係に関して述べた文として**誤っているもの**を，下の①〜④のうちから一つ選べ。

①　倭王から隋の煬帝への国書に煬帝は激怒した。

②　翌年，小野妹子は隋からの答礼使とともに帰国した。

③　高句麗と敵対関係にあった隋は，日本との国交を継続した。

④　のちに雄略天皇とされる人物が，隋の煬帝から倭王の称号を授けられた。

問2　（　A　）に入る語と，これ以降の日本と唐との関係について述べた**説明文**の組合せとして正しいものを，下の①〜⑥のうちから一つ選べ。

〔（　A　）に入る語〕

　ア　壬申の乱　　　イ　白村江の戦い

〔説明文〕

　a　筑紫に水城を築城し，唐の遠征を防御しようとした。

　b　都を琵琶湖に近い近江国大津から内陸の飛鳥へと戻した。

　c　危険を回避するため，南路を利用する大陸への渡海を北路に改めた。

①　アーa　　　　②　アーb　　　　③　アーc

④　イーa　　　　⑤　イーb　　　　⑥　イーc

問3　乙について，これ以降の日本と渤海との交流に関して述べた文X・Yの正誤の組合せとして正しいものを，下の①〜④のうちから一つ選べ。

　X　日本は朝鮮半島の新羅との対抗関係から，渤海と友好的に通交した。

　Y　日本は渤海を従属国として扱った痕跡として，渤海で和同開珎が発見されている。

①　X―正　Y―正　　　　②　X―正　Y―誤

③　X―誤　Y―正　　　　④　X―誤　Y―誤

問4 （　B　）に入る人物について述べた文として正しいものを，下の①～④のうちから一つ選べ。

① 藤原氏を外戚としない宇多天皇に重用された。

② 藤原時平の策謀により，佐渡に流罪とされた。

③ 唐が日本を制圧しようとしていることを理由に，遣唐使派遣の停止を進言した。

④ 死後，怨霊として恐れられたため，これを鎮めるために祇園社が造られた。

問5 （　C　）に入る語とその場所を示した**地図**中の記号の組合せとして正しいものを，下の①～⑥のうちから一つ選べ。

〔（　C　）に入る語〕

　　a　女真人　　　b　高麗人　　　c　蒙古人

〔地図〕

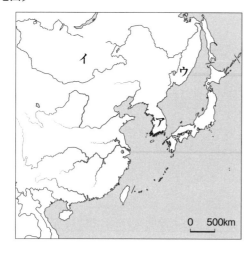

① 　a－ア　　　② 　a－ウ　　　③ 　b－イ

④ 　b－ウ　　　⑤ 　c－ア　　　⑥ 　c－イ

問6 対外関係の**年表**をふまえ，9世紀末〜11世紀の日本の文化について述べた**説明文**の（ D ）に入る語句と，それに関する**図版**の組合せとして正しいものを，下の①〜⑥のうちから一つ選べ。

〔説明文〕

　　貴族社会を中心にそれまで受け入れられてきた大陸文化をふまえ，さらに日本の風土に合うようなかたちで優雅に洗練され（ D ）した文化が育まれた。

〔（ D ）に入る語〕

　　X　国風化　　　Y　折衷化

〔図版〕

　　ア　正倉院螺鈿紫檀五絃琵琶　　　イ　片輪車螺鈿蒔絵手箱

　　ウ　過去現在絵因果経

① X—ア　　　② X—イ　　　③ X—ウ

④ Y—ア　　　⑤ Y—イ　　　⑥ Y—ウ

古代の仏教

◆Aさんは授業の課題として「古代において人と仏教はどのような関係にあったか」というレポートを書くことになった。そのため，時期的な特徴を次のように**カード**にまとめていった。これに関し，後の問い（**問1～6**）に答えよ。

カードⅠ 蘇我氏らの有力者はその権威の象徴として古墳に代わり競うように氏寺を建立した。	**カードⅡ** 庶民が儒教・仏教・道教などの学芸を広く学ぶ施設を設けた僧侶がいた。
カードⅢ 政府が諸国に寺院の建立を進め仏教により国家や社会の安定を図ろうとした。	**カードⅣ** 極楽往生を願う人々は，めでたく往生をとげたと信じられた人々の伝記を重んじた。

問1 カードⅠに関し，有力者と氏寺の組合せとして**誤っているもの**を，下の①～④のうちから一つ選べ。

① 物部氏—飛鳥寺　　② 秦氏—広隆寺

③ 藤原氏—興福寺　　④ 和気氏—神護寺

問2 カードⅠの時期に作られた仏像には，以下の**説明文**のような特徴をもつものがある。この特徴に適するものを，下の①〜④のうちから一つ選べ。

〔説明文〕

　　仏師一派が中国北魏の様式を取り入れて作った仏像である。唇の両端がかすかに上がって微笑んでいるが，全体的に厳しくおごそかな表情を示している。

① 中宮寺半跏思惟像

② 東大寺法華堂執金剛神像

③ 元興寺薬師如来像

④ 法隆寺金堂釈迦三尊像
　（中尊）

問3 カードⅡについて，ここに記された僧侶に関して述べた説明文甲・乙の正誤の組合せとして正しいものを，下の①〜④のうちから一つ選べ。

甲　唐で密教を学んだ後，真言宗の開祖となり高野山に寺院を創建した。

乙　唐風の筆蹟で知られ，三筆の一人に数えられる能筆家であった。

① 甲―正　乙―正　　　② 甲―正　乙―誤

③ 甲―誤　乙―正　　　④ 甲―誤　乙―誤

問4　カードⅢの時期に寺院外での布教や社会事業を行い，政府から取り締まりを受けた僧侶がいた。この僧侶はその後，高僧として大僧正に任じられているが，こうした対応は，仏教の理解によるものと考えられる。この**僧侶**の名と，この僧が高僧とされた**理由**の組合せとして正しいものを，下の①～⑥のうちから一つ選べ。

〔僧侶〕

　X　行基　　　　Y　道鏡

〔理由〕

　a　踊念仏によって歓喜することで容易に成仏できると説き，民衆教化に貢献したため。

　b　民衆を救済する善行を積むことで，福徳を生むという考えが根付いてきたため。

　c　布教することで，民衆を把握する戸籍の作成に役立ったため。

　①　X―a　　　　②　X―b　　　　③　X―c

　④　Y―a　　　　⑤　Y―b　　　　⑥　Y―c

問5　カードⅣの時期の仏教と政治の関係について述べた**説明文**の（　甲　）・（　乙　）に入る語句の組合せとして正しいものを，下の①～④のうちから一つ選べ。

〔説明文〕

　　天皇を後見し政務を代行する地位が政治を担った（　甲　）には，現世の不安から逃れようとし阿弥陀仏を信仰する浄土教が流行した。この背景には（　乙　）という信仰を強め，有力な貴族の中には壮麗な阿弥陀堂を中心とする大寺を建立する者もあり，寄木造からなる仏像の需要も高まった。

　甲　X　摂関期　　　　　Y　院政期

　乙　a　悪人正機説があり，煩悩の深い悪人こそ救済の対象である

　　　b　末法思想があり，盗賊や乱闘がしきりに起こる世だが，来世では救われたい

　①　甲―X　乙―a　　　　②　甲―X　乙―b

　③　甲―Y　乙―a　　　　④　甲―Y　乙―b

問6　4枚の**カード**を年代順に並べると，Ⅰ→Ⅲ→Ⅱ→Ⅳとなる。この中に次の**カードA**を加えて年代順に正しく配列したものを，下の①～④のうちから一つ選べ。

> **カードA**
> 仏教が政治に深く介入した弊害によって，遷都の際，旧都から大寺院の移転を認めなかった。

　①　Ⅰ→A→Ⅲ→Ⅱ→Ⅳ　　　　②　Ⅰ→Ⅲ→Ⅱ→A→Ⅳ

　③　Ⅰ→Ⅲ→A→Ⅱ→Ⅳ　　　　④　Ⅰ→Ⅲ→Ⅱ→Ⅳ→A

時代別問題〈中世〉

柳生の徳政碑文（奈良県奈良市柳生町）　現在，国の史跡に指定されているこの石碑には，正長の徳政一揆で負債破棄が実現したことを記念する「正長元年ヨリサキ者，カンヘ四カンカウニヲキメアルヘカラス」との文字が刻まれている。「カンヘ四カンカウ」(神戸四箇郷)は，大柳生庄・小柳生庄・坂原庄・邑地庄である。

出題傾向と解法の手引き

　第2章では，院政期から室町時代にかけての内容を取り上げます。この時期には文字史料や考古資料のほか，過去の出題例では絵画資料の出題も多くみられます。各地の実態を伝える荘園絵図をはじめ，『一遍上人絵伝』や『洛中洛外図屏風』などは，政治史的な側面のみならず，社会経済史的な側面から出題される可能性が高い絵画資料です。こうした文字によって読み解くことができない絵画資料は，描かれた内容から適切な情報を取り出す能力が要求されるものです。

　以下の創作問題を通し，どのような発想により正解を導き出していくか，演習を重ね，解法に慣れておきましょう。

◆次の【 A 】・【 B 】の文を読み，後の問い（**問 1 ～ 6**）に答えよ。

【 A 】

　院政期には，平安京で再開発が進展した。朱雀大路で二分される京域の（ A ）京を流れる鴨川の（ B ）岸では，上皇の御所などの建設が進められたのである。

　この都市の拡大について，慶滋保胤は「東京四条以北，乾・艮の二方は，人々貴賤と無く，多く群聚する所」と述べている。のち，(a)鴨川（ B ）岸に邸宅を構えた人物は，娘の（ C ）を（ D ）天皇の中宮とし，孫の安徳天皇を即位させ，外祖父として権勢を誇った。

問 1　（ A ）・（ B ）に入る語句の組合せとして正しいものを，下の①～④のうちから一つ選べ。

①　A―右　B―右　　　　②　A―右　B―左

③　A―左　B―右　　　　④　A―左　B―左

問 2　以下の随筆の文章は，下線部(a)の人物による政権が，数年間にわたる争乱の末，滅亡した背景にあった事象を記している。この文章を読み取り，推定できる**X・Y**の正誤の組合せとして正しいものを，下の①～④のうちから一つ選べ。

> 　また，養和の頃とか，久しくなりておぼえず。二年が間，世の中飢渇して，あさましきこと侍りき。あるいは春・夏ひでり，あるいは秋大風・洪水など，よからぬことどもうち続きて，五穀ことごとく生らず。むなしく春返し，夏植うる営みありて，秋刈り，冬収むるぞめきはなし。これによりて，国々の民，あるいは地を捨てて境を出で，あるいは家を忘れて山に住む。さまざまの御祈り始まりて，なべてならぬ法ども行はるれど，さらにその験なし。　　　　（『方丈記』）

X　深刻な飢饉があり，争乱に対して十分な戦力を編成することができなかった。

Y　深刻な飢饉があり，仏法による救済を信じた民衆が一向一揆により政権に抵抗した。

①　X―正　Y―正　　　　②　X―正　Y―誤

③　X―誤　Y―正　　　　④　X―誤　Y―誤

問 3　（ C ）・（ D ）に入る語句の組合せとして正しいものを，下の①～④のうちから一つ選べ。

①　C―徳子　D―高倉　　　　②　C―徳子　D―後白河

③　C―政子　D―高倉　　　　④　C―政子　D―後白河

【B】

　源氏三代の将軍の後，(b)鎌倉幕府の権力を掌握したのは，頼朝の妻の実家である北条氏であった。これに対し，朝廷側では(c)後鳥羽上皇を中心に幕府打倒の計画が立てられた。こうして起こった戦乱が承久の乱であったが，これに朝廷側が敗北すると，朝幕関係は幕府優位となり，朝廷側から没収した荘園には，幕府が新たに任命した地頭がおかれた。(d)このような地頭の中には，荘園領主に対し支配権の拡大を要求する者もあった。

問4　下線部(b)に関連して，鎌倉幕府の権力確立について，その画期として次のA～Dの4枚のカードを作成し，それを年代順に並べるとB→A→C→Dの順番になる。カードA・Cに入る**説明文**の組合せとして正しいものを，下の①～④のうちから一つ選べ。

カードA	カードB 源頼朝が，後白河上皇から東国に対する支配権を認められた。	カードC	カードD 武家初の法典として，御成敗式目が制定された。

〔**説明文**〕

　ア　霜月騒動で，有力御家人安達泰盛が滅ぼされた。

　イ　源頼朝が鎌倉に入り，侍所を開設した。

　ウ　経済的に困窮する御家人救済のため，永仁の徳政令を出した。

　エ　奥州藤原氏が滅亡した。

　①　A—ア　C—ウ　　②　A—ア　C—エ

　③　A—イ　C—ウ　　④　A—イ　C—エ

問5　下線部(c)に関連して，この命によって編纂された和歌集について述べた次の文A～Dについて，正しいものの組合せを，下の①～④のうちから一つ選べ。

　A　紀貫之らが編者となった『古今和歌集』である。

　B　藤原定家らが編者となった『新古今和歌集』である。

　C　観念的な美の境地は貴族社会に受け入れられ，編者らは和歌の家を形成した。

　D　最初の勅撰和歌集で，繊細で技巧な歌風が特徴として知られている。

　①　A・C　　②　A・D　　③　B・C　　④　B・D

問6 下線部ⓓに関連して，下の図について述べた文X・Yの正誤の組合せとして正しいものを，下の①〜④のうちから一つ選べ。

伯耆国東郷荘下地中分図（模式図）

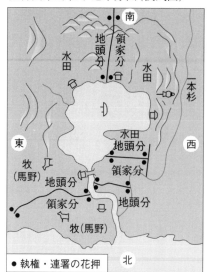

X　この図は，現地の郡司や百姓が悪政を行う地頭を幕府に訴えた訴訟資料として作成され，両者の和解内容を示したものである。

Y　この図は，領家と地頭との訴訟が和解した際，領家側が地頭に対し大番催促の権限を与えた区域を示したものである。

①　X―正　Y―正　　　②　X―正　Y―誤

③　X―誤　Y―正　　　④　X―誤　Y―誤

7 中世の民衆社会

◆室町時代には，近畿地方やその周辺の先進地では民衆の自治が発達した。これに関し，後の問い（**問1～6**）に答えよ。

問1 当時，先進地の農業のあり方について述べた文としてふさわしくないものを，下の①〜④のうちから一つ選べ。

① 農村加工業が発達し，商品経済が浸透した。

② 肥料では，下肥が利用されなくなった。

③ 年貢の銭納が進んだ。

④ 土地の生産性を高める集約化や灌漑・排水施設が整備された。

問2 次の**史料**はある惣村で定められた惣掟から抜粋した条文である。この**史料の分析**と**仮説**を述べた文章の（**甲**）・（**乙**）に入る文の組合せとして正しいものを，下の①〜④のうちから一つ選べ。

> 一　諸堂・宮・庵室（あんしつ）において，バクチ諸勝負堅く禁制なり。
> 一　惣・私の森林の咎（とが）の事は，マサカリ伐リハ三百三十文，ナタ・カマ伐リハ二百文，手折リ木ノ葉ハ百文の咎なり。
> 一　万（よろず）の作毛（さくもう），拾うト号し，猥（みだり）の事，停止（ちょうじ）し畢（おわ）んぬ。
> 　右，衆儀に依って定むる所件（くだん）の如し（ごと）。
> 　永正十七庚辰年十二月二十六日
> 　　　　　　　　　　　　　　　　　　　　（『日吉神社文書』）

〔史料の分析〕

　室町時代の惣村では，（　甲　）意思決定を図っていた。

〔仮説〕

　この時代の百姓が（　乙　），公権力が不安定だったからではないか。

甲　X　寄合を開催し治安や秩序を守る

　　Y　村の決まりはなく，神仏に従い罪人を裁く

乙　a　自力救済する意思を失ったのは

　　b　領主から自立し連帯意識を強めたのは

① 甲—X　乙—a　　　② 甲—X　乙—b

③ 甲—Y　乙—a　　　④ 甲—Y　乙—b

問3 この時代に農民が日常的に共同して行ったこととして**誤っている**ものを，下の①〜④のうちから一つ選べ。

① 山や野原の管理に関すること

② 領主に納める年貢に関すること

③ 祭礼の執り行いに関すること

④ 守護と主従関係を結び，武士身分になること

問4 次の二つの絵画資料Ⅰ・Ⅱから，中世の民衆について読み取れる内容甲・乙の正誤の組合せとして正しいものを，下の①〜④のうちから一つ選べ。

Ⅰ　市の場面（『一遍上人絵伝』）　　Ⅱ　馬借（『洛中洛外図屛風』）

甲　貨幣経済は権力者や有力者の男性の間でのみ浸透し，庶民が関わることはなかった。

乙　流通が発達したことにより，庶民の間でもさまざまな情報が行き交った。

①　甲―正　乙―正　　　②　甲―正　乙―誤

③　甲―誤　乙―正　　　④　甲―誤　乙―誤

問5 15世紀前半からしだいに各地で一揆が発生するようになったが，次の**史料Ⅰ・Ⅱ**とそれについて述べた**説明文**の組合せとして正しいものを，下の①〜④のうちから一つ選べ。なお，史料は文意が変わらない程度に一部改めている。

〔**史料Ⅰ**〕

正長元年九月　日，一天下の土民蜂起す。徳政と号し，酒屋・土倉・寺院等を破却せしめ，雑物等恣にこれを取り，借銭等悉くこれを破る。管領これを成敗す。凡そ亡国の基，これに過ぐべからず。日本開白以来，土民蜂起是れ初めなり。　　（『大乗院日記目録』）

〔**史料Ⅱ**〕

（文明六年十一月一日）一，加賀国の一向宗土民　無碍光宗と号す。侍分と確執す。侍分悉く以て土民方より国中を払はる。守護代侍方に合力するの間，守護代小杉打たれ了んぬ。一向宗方二千人計打たれ了んぬ。国中焼け失せ了んぬ。東方の鶴童*ハ国中へ打ち入ると雖も，持ち得ずと云々。土民蜂起は希有の事なり。　　（『大乗院寺社雑事記』）

　　　＊鶴童……守護大名富樫政親の幼名

〔**説明文**〕

Ⅰ　X　徳政を求める百姓たちは，金融業を営む者を襲撃した。

　　　Y　幕府は徳政令を出し，百姓らの借金を帳消しにして債権者を処罰した。

Ⅱ　a　武士たちは一揆を結んだ百姓らを国外に追放した。

　　　b　守護や守護代の勢力によっても，一揆をおさえることはできなかった。

①　Ⅰ―X　Ⅱ―a　　　②　Ⅰ―X　Ⅱ―b

③　Ⅰ―Y　Ⅱ―a　　　④　Ⅰ―Y　Ⅱ―b

問6 次の**史料**は，中世のある人々のようすを記したものである。この**史料**に記されている人々に関連ある絵画資料を，下の①〜④のうちから一つ選べ。

〔史料〕

問 云ク。諸国 同 事ト申 ナカラ，当国ハ殊ニ悪党蜂起ノ聞ヘ候。何ノ比ヨリ 張 行 候ケルヤラム。

答 云。……正 安・乾 元ノ比ヨリ，目ニ余リ耳ニ満テ聞ヘ候シ。……，異類異形ナルアリサマ，人倫ニ異ナリ，柿 維 ニ六方笠ヲ着テ，烏帽子・袴ヲ着ス，人ニ面ヲ合セス，忍タル体ニテ，数ス不具ナル高シコ（竹矢籠）ヲ負ヒ，ツカサヤ（柄鞘）ハケ（禿）タル太刀ヲハキ，竹ナカエ（長柄）サイハウ（撮棒）杖ハカリニテ，鎧 腹巻等ヲ着マテノ兵 具更ニ無シ。……武（士脱ヵ）方ノ沙汰，守護ノ制禁ニモカヽハラス，日ヲ逐テ倍増ス。 （『峰相記』）

①

②

③

④

中世の商業と経済

◆中世の日本では，各地に都市が形成され，貨幣経済が次第に社会に浸透して，商業活動も活発となった。次の表は，代表的な中世都市を機能別に分類したものである。これに関し，後の問い（**問1〜6**）に答えよ。

城下町	港町	門前町	寺内町
（　甲　）（越前）	堺（和泉）……a	（　乙　）（近江）	石山（摂津）……d
春日山（越後）	博多（筑前）……b	長野（信濃）	山科（山城）
府内（豊後）	草戸千軒（備後）……c	宇治・山田（伊勢）	富田林（河内）

問1　表の（　甲　）に入る**都市名**とその**説明文**の組合せとして正しいものを，下の①〜⑥のうちから一つ選べ。

〔都市名〕

　　ア　一乗谷　　　イ　坂本

〔説明文〕

　　A　三方を小さな丘陵で囲まれ，内外の通交は切通が利用された。

　　B　門前市場町として舟運も栄えたが，後世に起きた河川の洪水で壊滅した。

　　C　細長い土地の両端に城戸をおき，身分ごとに住民の居住区を設けた。

　　D　舟運や馬借や車借による陸上輸送の流通拠点としても栄えた。

　　①　都市名―ア　説明―A　　　②　都市名―ア　説明―B

　　③　都市名―ア　説明―C　　　④　都市名―イ　説明―B

　　⑤　都市名―イ　説明―C　　　⑥　都市名―イ　説明―D

問2　表にある（　乙　）は交通の要所で，そこで暮らした人々の中には，日本で最初の徳政一揆のきっかけとなった人々がいた。このような人々を描いた図版として正しいものを，下の①〜④のうちから一つ選べ。

①

②

③

④

問3　鎌倉時代には，国産の貨幣がなく，中国からの輸入銭が日本国内で流通した。その理由を述べた文X・Yの正誤の組合せとして正しいものを，下の①〜④のうちから一つ選べ。

　　X　宋では銅の生産が盛んで貨幣も大量に鋳造されていた。

　　Y　日宋間では倭寇が禁圧され，朝貢貿易が安定し海上輸送が円滑に行われた。

　　①　X—正　Y—正　　　②　X—正　Y—誤

　　③　X—誤　Y—正　　　④　X—誤　Y—誤

問4 次の**史料**は，16世紀に日本に滞在したキリスト教宣教師ガスパル゠ヴィレラが書いた書簡の一部である。ここに書かれている都市について，その都市名を表の**a・b**から，場所を下の**地図**中の**ア〜エ**からそれぞれ選び，その組合せとして正しいものを，下の①〜④のうちから一つ選べ。

> 日本全国当□□□□の町より安全なる所なく，他の諸国に於て動乱あるも，此町には嘗て無く，敗者も勝者も，此町に来住すれば皆平和に生活し，諸人相和し，他人に害を加ふる者なし。市街に於ては嘗て紛擾起ることなく，敵味方の差別なく皆大なる愛情と礼儀を以て応対せり。市街には悉（ことごと）く門ありて番人を付し，紛擾（ふんゆう）あれば直に之を閉づることも一の理由なるべし。……町は甚だ堅固にして，西方は海を以て，又他の側は深き堀を以て囲まれ，常に水充満せり。
>   ＊□□□□には都市名が記されている。

〔地図〕

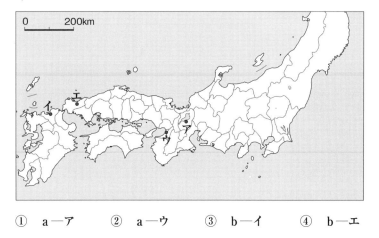

① a─ア   ② a─ウ   ③ b─イ   ④ b─エ

問5 表にある都市 c は，平安時代末期から江戸初期にかけて付近を流れる芦田川河口に栄えたが，1673年の洪水で壊滅した。その後，発掘調査が行われ，当時の遺物が出土し町並みも復元されている。当時の遺物で出土するものとして**誤った**ものと推定されるものを，下の①〜④のうちから一つ選べ。

① 中国産陶磁器   ② 漆器   ③ 鉄製鍋   ④ 瓦版

問6 室町時代の商業について述べた文**X・Y**に関して，その正誤の組合せとして正しいものを，下の①〜④のうちから一つ選べ。

X 「現金かけ値なし」の薄利多売による新商法が流行した。

Y 質屋は幕府に倉役を納め，幕府の財政の一翼を担っていた。

① X─正　Y─正   ② X─正　Y─誤

③ X─誤　Y─正   ④ X─誤　Y─誤

9　中世の対外関係

◆中世の日本は異国との接触がいっそう活発になったと考えるAさんは，その背景や理由について，次のようにレポートにまとめた。これに関し，後の問い（**問1～6**）に答えよ。

〔Aさんのレポート〕

　　古代以来，日本は大陸や朝鮮半島などとの交流を通じ，さまざまな文物を入手していた。そして中世になると，日本の対外関係はいっそう活発になった。中国では唐に代わる王朝として宋や元が成立したが，@宋との貿易では宋銭などが日本に輸入され，日本国内における⑥貨幣経済の主要通貨となった。

　　いっぽう，モンゴル帝国は，ユーラシア大陸での領域を拡大し，©フビライは国号を元に改め，鎌倉幕府の執権が（　A　）の時，@2度にわたり日本を襲撃してきた。しかし，その後，中国では元から（　B　）へと王朝の交代があり，日本でも建武の新政を経て政権交代の末，室町幕府の3代将軍足利義満は，@朝貢形式による勘合貿易で中国との交流を盛んに行った。

問1　下線部@に関連して，宋との貿易を活発にするため，平清盛が行ったことを述べた文X・Yの正誤の組合せとして正しいものを，下の①～④のうちから一つ選べ。

　　X　倭寇の活動を禁圧し，密貿易などの取り締まりを強化した。

　　Y　開削などにより瀬戸内航路を整備し，大輪田泊を修築した。

　　①　X―正　Y―正　　　　②　X―正　Y―誤

　　③　X―誤　Y―正　　　　④　X―誤　Y―誤

問2　下線部⑥に関連して，この時代の貨幣経済について述べた文として**誤っているもの**を，下の①～④のうちから一つ選べ。

　　①　貢納方法は運搬費や輸送中の危険により，代銭納の形態に変わっていった。

　　②　朝廷は本朝十二銭を鋳造し，貨幣経済の浸透に備えた。

　　③　中国からの輸入銭が減少したため，国内で私鋳銭が大量に鋳造された。

　　④　幕府は撰銭令を定め，撰銭による貨幣流通の阻害をおさえようとした。

問3　（　A　）・（　B　）に入る語句の組合せとして正しいものを，下の①～④のうちから一つ選べ。

　　①　A―北条時宗　B―明　　　②　A―北条時宗　B―清

　　③　A―北条泰時　B―明　　　④　A―北条泰時　B―清

問4 下線部ⓒに関連して，1268年に元のフビライから日本への国書を携えた高麗使が大宰府に到着した。次の**史料**は，その国書に記されていた内容である。ここから**読み取ることができないもの**を，下の①～④のうちから一つ選べ。

〔史料〕

> 高麗は朕の東藩なり。日本は高麗に密邇し，開国以来，亦時として中国に通ぜり。朕が躬に至りては，一乗の使も以て和好を通ずること無し。……冀わくば今より以往，問を通じ好を結び，以て相に親睦せん。……兵を用ふるに至りては，夫れ孰か好む所ならん。王其れこれを図れ。不宣。
>
> 　　至元三年八月　日
>
> 　　　　　　　　　　　　　　　　　　　　　　　　　　（『東大寺尊勝院文書』）

① 日本はこれまでもたびたび高麗と親交関係にあったと述べている。

② 日本はこれまでもたびたび中国と親交関係にあったと述べている。

③ 日本はフビライとの修好を求め，そのために高麗が仲介したことを述べている。

④ フビライは日本との修好を求める一方で，軍事的圧力をほのめかしている。

問5 下線部ⓓに関連して，Aさんはこの経緯を次の3枚のカードにまとめた。**カード1**と**カード3**に入る文の組合せとして正しいものを，下の①～④のうちから一つ選べ。

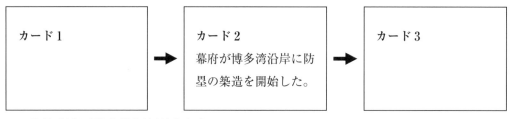

ア　竹崎季長が『蒙古襲来絵詞』を完成させた。

イ　幕府が異国警固番役を定めた。

ウ　幕府が博多に鎮西探題を設置した。

エ　元が高麗と連合し，はじめて博多に上陸した。

① カード1―ア　カード3―ウ　　② カード1―ア　カード3―エ

③ カード1―イ　カード3―ウ　　④ カード1―イ　カード3―エ

問6 下線部ⓔに関連して，勘合貿易による日明間の交流は，日本の文化や社会にも大きな影響を及ぼした。これに関して述べた次のア～エについて，正しいものの組合せを，下の①～④のうちから一つ選べ。

ア　新しいものを好み，派手で贅沢な「バサラの精神」がもてはやされた。

イ　禅宗文化が普及し，禅僧が政治にも深くかかわるようになった。

ウ　キリスト教の伝来が武家政権に危機感を及ぼし，宣教師が国外へ追放された。

エ　有力大名と商人の結びつきが強まり，貿易の利権をめぐる衝突が生じた。

① ア・ウ　　② ア・エ　　③ イ・ウ　　④ イ・エ

10 中世文化の担い手

◆中世にはさまざまな人々によって多彩な文化が展開した。これを調べて発表するため，Aさんは地域の博物館を見学した。これに関し，後の問い（**問1〜6**）に答えよ。

問1 Aさんは，展示資料を見学し庶民と文化の関係を考えた。Aさんが次の**展示資料**から考えた**説明文**の（ X ）・（ Y ）に入る語句の組合せとして正しいものを，下の①〜⑥のうちから一つ選べ。

〔展示資料〕

田楽（『大山寺縁起絵巻』模写）

〔説明文〕

　　文化の担い手は貴族だけに限らない。この絵巻には田植えや牛耕に従事する農民のかたわらで（ X ）を行うようすが描かれている。これはその後，京都の公家ら都市住民にも流行し，（ Y ）していった。

X　a　田楽　　　　b　狂言

Y　ア　寺社などの保護を受け座を形成

　　イ　朝廷の保護を受け同朋衆を形成

　　ウ　幕府の保護を受け奉公衆を形成

① X—a　Y—ア　　　② X—a　Y—イ　　　③ X—a　Y—ウ

④ X—b　Y—ア　　　⑤ X—b　Y—イ　　　⑥ X—b　Y—ウ

問2 Aさんは，古代から中世にかけての仏教の展開を次の3枚のカードにまとめた。**カード1**と**カード3**に入る文ア〜エの組合せとして正しいものを，下の①〜④のうちから一つ選べ。

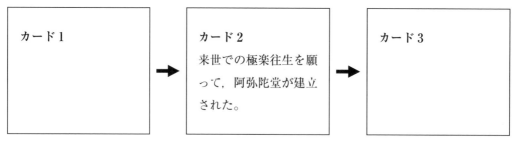

カード1		カード2 来世での極楽往生を願って，阿弥陀堂が建立された。		カード3

ア　国家の安泰を祈るため，専修念仏と加持祈禱の両立が求められた。

イ　神社の境内に神宮寺を建てたり，神前読経する神仏習合の風潮が起こった。

ウ　氏族の繁栄のため，氏寺を建立することが求められた。

エ　救済方法を選ぶことができ，易行にひたすら打ち込むことが求められた。

①　カード1—ア　カード3—ウ　　②　カード1—ア　カード3—エ

③　カード1—イ　カード3—ウ　　④　カード1—イ　カード3—エ

問3 展示資料の中で，『蒙古襲来絵詞』が制作された背景に興味をもったAさんは，それを深く調べるために博物館の学芸員にアドバイスを求めた。学芸員のアドバイスとして最もふさわしくないものを，下の①〜④のうちから一つ選べ。

①　鎌倉幕府が定めた御成敗式目の内容や，当時の訴訟方法を調べる。

②　鎌倉時代の御家人とモンゴル軍の戦い方を調べる。

③　幕府の御家人が果たさなければならない奉公の内容を調べる。

④　鎌倉からモンゴルへの経路を調べる。

問4 室町時代に隆盛した茶の湯に関する文として**誤っている**ものを，下の①〜④のうちから一つ選べ。

①　臨済宗の禅僧の間で修行の一つとして行われた。

②　勇猛な武士の気風に合わず，衰退していった。

③　賭け事としての闘茶が，豪華な唐物趣味の会所で行われた。

④　侘びの精神的な深さを求め，草庵の茶として親しまれた。

問5 室町時代の書院造と大正から昭和期に流行した文化住宅に共通する特徴について述べた文甲・乙の正誤の組合せとして正しいものを，下の①〜④のうちから一つ選べ。

甲　来客を接待する空間が設けられていた。

乙　各室は板壁で区切られ閉鎖性や独立性が保たれていた。

①　甲—正　乙—正　　　②　甲—正　乙—誤

③　甲—誤　乙—正　　　④　甲—誤　乙—誤

問6　Aさんは学芸員から中世の文化について発表するための参考として次の**展示資料**を紹介してもらい，下記のような**説明文**を作成した。文中の（　甲　）・（　乙　）に入る語句の組合せとして正しいものを，下の①～④のうちから一つ選べ。

〔展示資料〕

「くわんせのう」（『洛中洛外図屛風』）

〔展示資料に付された説明文の一部〕

　　「くわんせのう」は，将軍の（　甲　）であった観阿弥・世阿弥父子に代表される能楽の一派で，大和国の（　乙　）・春日社に奉仕した四座の一つである。この場面には簡素な舞台であるが橋掛りもみられる。また，立方という演技者や地謡としてコーラスに加わる者などが描かれている。

甲　a　同朋衆　　　b　評定衆
乙　c　清水寺　　　d　興福寺
①　甲─a　乙─c　　　②　甲─a　乙─d
③　甲─b　乙─c　　　④　甲─b　乙─d

時代別問題〈近世〉

伊能小図　伊能忠敬は全国の沿岸を実測し日
本地図の作成にあたった。その死後3年の
1821年に弟子らの手で「大日本沿海輿地全図」
(伊能図)が完成した。縮尺の異なる大図・中図・
小図があり，小図は地名などの表記が簡略化
されているが，全国を3枚で示し日本全体を把握
する上で便利である。

出題傾向と解法の手引き

　　第3章では，近世の内容を取り上げます。近世は，当時の社会における識字率の上昇なども反
映し，問題作成に利用可能な史資料がバラエティーに富んでいるといえます。そのため，はじめ
てみる史資料が含まれている可能性も大いにあります。過去の出題では，資料集や図録に掲載さ
れているもの以外に，俳句や狂歌といった文学的な素材を応用した例もあります。

　　このような素材に対応するためには，第一に史料読解に慣れておく必要があります。はじめて
みる文字史料，あるいは非文字資料であっても，どこかにヒントとなる情報が隠されていること
も多いので，それを見抜く力が求められます。そのためには，できるだけ多くの史料を読み，史
料問題集などを使って，問題演習を重ねておくことがとても重要です。

近世の武家政権と社会

◆織豊政権を経て，徳川家康が征夷大将軍になり江戸幕府を開いて以来，徳川氏の権力は長期政権となった。その理由としてさまざまなことが想定できるが，これに関し，後の問い（**問 1 ～ 6**）に答えよ。

問 1 徳川氏の長期政権化の理由の一つとして，幕府と大名との関係が考えられる。徳川幕府は大名を統制するため武家諸法度を定めた。以下の歴代将軍が発した武家諸法度の**条文**から**読み取ることができない**内容を，下の①～④のうちから一つ選べ。

〔条文〕

> ・諸国ノ居城 修 補ヲ為スト 雖 モ，必ズ言 上 スベシ。況ンヤ新儀ノ構営堅ク 停 止令ムル事。
> ・五百石以上ノ船停止ノ事。
> ・万事江戸ノ法度ノ如ク，国々所々ニ於テ之ヲ 遵 行 スベキ事。
> ・文武忠孝を 励 し，礼儀を正すべき事。

① 大名が幕府法令と異なる独自の法令で，民衆統治することを認める。

② 大名が居城を無断で修理したり，新たな城を造ることを禁止する。

③ 外洋を航海し海外に渡航することを禁止する。

④ 儒学を学び，それに基づく道徳心を養いなさい。

問 2 武家諸法度では参勤交代についても規定されている。これについて述べた文 **X・Y** の正誤の組合せとして正しいものを，下の①～④のうちから一つ選べ。

X 組織や制度を重んじた徳川家康は参勤交代を制度として義務化した。

Y 大名の妻子は参勤交代により一年おきに江戸で生活することを喜んだ。

① X―正　Y―正　　② X―正　Y―誤

③ X―誤　Y―正　　④ X―誤　Y―誤

問3 大名の統制を図るためには，礼節や秩序を重んじることも大切であった。次の**図版**を分析した文の**空欄**に入る語句**X・Y**とその**仮説a・b**の組合せとして最も適当なものを，下の①〜④のうちから一つ選べ。

〔**図版**〕 衣服制度の整備（『徳川盛世録』より）

〔分析〕

> この絵画は，（ ア ）が幕政に参与していた江戸時代の中頃の江戸城内に集まった諸大名のようすを描いたものと考えられる。前列に並ぶ大名の装束を比べると，一番左の人物は直垂（ひたたれ）を着用し，一番右は狩衣（かりぎぬ）であることがわかる。また，直垂の人物の右にいる人物は大紋（だいもん）を着用している。

〔（ ア ）に補充する語句〕

X 柳沢吉保　　　Y 新井白石

〔仮説〕

a 官位に応じた装束が定められ，大名の序列が一目で判別できるようにしていた。

b ぜいたくで個性的な装束の着用を許可して浪費させ，大名の財力削減を図っていた。

① X—a　　② X—b　　③ Y—a　　④ Y—b

問4 徳川氏の権力が長期化した背景として，経済や産業の発展も考えられる。そのことについて述べた文として**誤っているもの**を，下の①〜④のうちから一つ選べ。

① 農学や農具の改良により，石高は江戸時代前半に大きく増加した。

② 治水や新田開発により，耕地面積は江戸中期から後期にかけて激増した。

③ 陸海の交通網が整備され，全国を結ぶ安定した物資の流通が図られた。

④ 貨幣鋳造権を握り，全国に流通する貨幣を安定して供給できた。

問5 江戸幕府の財政収入を示した二つのグラフを比較すると，**グラフA**よりも時代が進んだ**グラフB**の方が収入額は増加しているが，内訳の割合は変動している。これについて説明した文の正誤の組合せとして正しいものを，下の①〜④のうちから一つ選べ。

〔グラフ〕

A　1730年

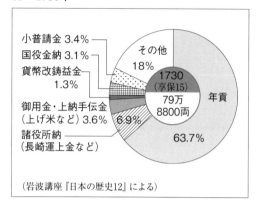

B　1848年

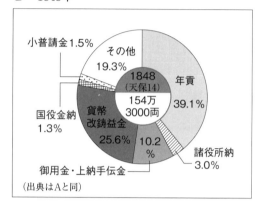

X　Aで年貢の割合が60%を超える理由として，この時期には年貢増徴のため町人にも新田開発への出資を求めたことや年貢率の引上げが考えられる。

Y　Aと比較してBは貨幣改鋳益金の割合が増大している。その理由として，明暦の大火後の江戸の再建費用などの支出増を，質の劣った小判の増発で補ったことが考えられる。

①　X―正　Y―正　　　②　X―正　Y―誤

③　X―誤　Y―正　　　④　X―誤　Y―誤

問6 長期政権を維持するには，領主や武士階級だけでなく，民衆から支持されることも重要である。江戸幕府が実施した民衆に対する政策について述べた文として正しいものを，下の①〜④のうちから一つ選べ。

①　牢人増加への対策として，末期養子の禁を緩和した。

②　戦乱の時代が治まり，安定した平和が続いたので，軍役の負担を軽減した。

③　目安箱に投書された意見を受け，江戸に医療救済施設を作った。

④　飢饉に備えて，大名に上げ米を命じた。

12 近世の対外関係

◆江戸時代の対外関係についてグループで調べ学習をした結果を発表することになり，Ａさん・Ｂさん・Ｃさんの３人は，図書館や資料集から探した次の**図版**を使って発表することにした。これに関し，後の問い(**問1 ～ 6**)に答えよ。

〔図版〕

A　ルソン国への渡航許可書

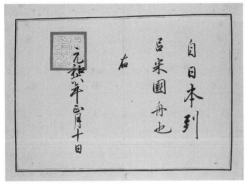

＊呂宋国はルソン国，年号は元和6 (1620)年である。

B　寛文期(1661～1672年)の出島

C　西洋砲術演習のようす

D　根室に来航したロシア使節ラクスマン

問1　Ａさんは**図版Ａ**に関連して，このような文書が幕府から出されていた時期の日本の対外関係を調べることにしたが，実際にはこの時期より後の出来事を，下の①～④のうちから一つ選べ。

①　オランダが平戸に商館を設立した。

②　中国船をのぞいて，外国船の寄港地を平戸と長崎に限定した。

③　朝鮮から日本宛ての国書に，それまで「日本国大君殿下」と記されていたのを「日本国王」に改めさせた。

④　支倉常長らがローマを訪問した。

問2　図版Ａ～Ｄを時代順に正しく配列したものを，下の①～④のうちから一つ選べ。

①　A→B→C→D　　②　A→B→D→C

③　B→A→D→C　　④　B→C→A→D

問3 図版A〜Dから読み取ることができない内容を，下の①〜④のうちから一つ選べ。

①　江戸時代の外交は将軍が統制していた。

②　貿易は幕府の統制下におかれていた。

③　日本は根室でロシア使節を処罰した。

④　列強の接近によって，日本は国防を強化するようになった。

問4　Bさんは，**図版B**に関連し，X・Yのような**状況**を説明した。X・Yの**理由**として正しい組合せを，下の①〜④のうちから一つ選べ。

〔状況〕

　　X　貿易に付随して自然科学が発達した。　　　　Y　貿易が停滞した。

〔理由〕

　　ア　漢訳洋書の輸入禁止が緩和されたから。

　　イ　幕府に不都合な朱子学が衰退したから。

　　ウ　各地の鉱山から金・銀の産出量が減少したから。

　　エ　輸出品の主流が銅や俵物に変わったから。

①　X—ア　Y—ウ　　　②　X—ア　Y—エ

③　X—イ　Y—ウ　　　④　X—イ　Y—エ

問5　Cさんは，**図版C**の時期に幕府がとった政策・措置としてX・Yを紹介しようとしたが，その正誤の組合せとして正しいものを，下の①〜④のうちから一つ選べ。

　　X　江戸湾岸の防備の必要性を強調した林子平を処罰した。

　　Y　三方領知替えを計画したが，領民の反対でこの年これを撤回した。

①　X—正　Y—正　　　②　X—正　Y—誤

③　X—誤　Y—正　　　④　X—誤　Y—誤

問6　3人が自分たちで調べた図版以外に発表で利用できそうな図版がないか，先生に相談したところ，先生からは対外関係の変化により国内でもさまざまな変化が生じるとして，次の**図版**を紹介された。そこで，下のようにこの図版の**説明文**を考えた。（　甲　）・（　乙　）に入る文の組合せとして正しいものを，下の①〜④のうちから一つ選べ。

〔**図版**〕　物価の高騰(「時世のぼり凧」)

〔**3人が考えた説明文**〕

> 　　対外関係が変化すれば，その影響は国内にもあらわれます。この図は，「時世のぼり凧」と名付けられた瓦版です。開港後，貿易が始まると，（　甲　）し，（　乙　）ため，その価格が上昇しました。また，米・麦やそのほかの生活必需品の価格も高くなり，庶民の賃金は下落し，生活が苦しくなっていったことを表現しています。

a　輸出が急激に増加

b　輸入が大幅に増加

c　綿織物の生産が追いつかなくなった

d　生糸の生産が追いつかなくなった

① 甲—a　乙—c　　② 甲—a　乙—d

③ 甲—b　乙—c　　④ 甲—b　乙—d

幕藩権力と民衆

◆江戸時代における幕藩権力と民衆の関係について，次の会話文を読み，後の問い(**問1〜6**)に答えよ。

先生：江戸幕府は民衆を統制するために，さまざまな制度を利用しました。宗教がもつ力を重視した幕府は，寺院法度で仏教寺院や僧侶の活動を統制しています。

生徒：先生，寺院を統制するため，具体的にはどのような手段が用いられたのですか。

先生：例えば寺院間に寺格を設定し，宗派ごとに本山・末寺関係を明確にしました。僧侶をめぐる事件としては，⒜紫衣事件という出来事がありました。

生徒：では，民衆に対する統制としてどのようなことがありましたか。

先生：村は⒝村方三役を中心とする本百姓らにより村法に基づいて運営され，年貢の納入も村単位でした。そのほか，五人組の制度もありました。これは村民が数戸ずつ編成され，これによって⒞年貢の納入や犯罪防止に連帯責任を負わされていたのですよね。

生徒：実際の日常生活では，どのような規制があったのでしょうか。

先生：例えば，⒟1642年に農村に向けて出された法令が有名で，これをみるととてもこまごまとした規制が加えられていたことがわかります。

生徒：それでは，江戸時代の庶民生活に楽しいことはなかったのでしょうか。

先生：そんなことはありません。芸能や娯楽性の高い文学などもたくさんありました。しかし，幕府は人々の風紀が乱れることを懸念し，政治への風刺や批判には厳しい制約や統制を加えました。

生徒：18世紀の幕政改革では，出版統制令が出され，⒠庶民に人気のあった作家が処罰されていた話を聞いたことがあります。

先生：そのほか，⒡貿易関係でも多様な政策や統制がありました。

問1 下線部⒜に関連して述べた次の文X・Yについて，その正誤の組合せとして正しいものを，下の①〜④のうちから一つ選べ。

X 朝廷は高徳の僧侶に対し紫衣の着用を許可していたが，禁中並公家諸法度の制定以後，僧侶の紫衣着用は，朝廷にかわり幕府が許可することになった。

Y 幕府は後水尾天皇が幕府への届け出なく紫衣着用を許可したことを問題視し，これに抗議した大徳寺の沢庵らは処罰された。

① X—正 Y—正 ② X—正 Y—誤

③ X—誤 Y—正 ④ X—誤 Y—誤

問2 下線部⒝の法令として最もふさわしくないものを，下の①〜④のうちから一つ選べ。

① 名主は村のリーダーとして，村政を統括し法令伝達の責任を負った。

② 百姓代は名主を補佐し，村民を代表して名主と協同し，諸役の割り当てを行った。

③ 組頭は名主を補佐し，名主と協同して村の秩序維持に努めた。

④ 村方三役の身分は百姓で，郡代や代官の指示を受けて村政にあたった。

問3 下線部ⓒに関連して，年貢を徴収する**方法**にはX・Yの二つがあった。その**説明**についての正しい組合せを，下の①～④のうちから一つ選べ。

〔**方法**〕

X 検見法　　　　Y 定免法

〔**説明**〕

A 毎年，収穫時に作柄を調べて税率を決めたので，幕府財政の安定化が図られた。

B 毎年，収穫時に作柄を調べて税率を決めたので，幕府財政は豊凶の影響を受けた。

C 一定期間税率は固定されたので，煩雑な手続きを行う代官による不正が多発した。

D 一定期間税率は固定されたので，凶作が生じると百姓の生活はいっそう困窮した。

① X―A　Y―C　　　② X―A　Y―D

③ X―B　Y―C　　　④ X―B　Y―D

問4 下線部ⓓに関連して，農民を対象とした法令としてふさわしくないものを，下の①～④のうちから一つ選べ。

① 文武弓馬の修行に専念しなさい。

② ぜいたくな祭礼や仏事は慎みなさい。

③ 田畑での自由な木綿やたばこの栽培は認めない。

④ 婚礼で嫁を迎える際に乗り物を使ってはならない。

問5 下線部ⓔに関連して，寛政の改革で処罰された作家をX，天保の改革で処罰された作家をYとして正しい組合せを，下の①～④のうちから一つ選べ。

A 山東京伝　　　B 為永春水　　　C 柳亭種彦　　　D 蔦屋重三郎

① X―A　Y―C　　　② X―A　Y―D

③ X―B　Y―C　　　④ X―B　Y―D

問6 下線部ⓕに関連して，長崎貿易の統制が強化されていったことについて，Aさんは次のようにカードにまとめた。甲・乙に入る文の正しい組合せを，下の①～④のうちから一つ選べ。

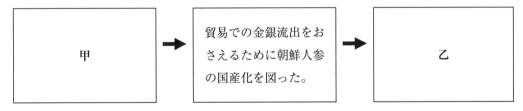

ア 糸割符仲間に輸入生糸を一括購入させ，貿易相手国の利益抑制を図った。

イ 蝦夷地の開発や銅，俵物の輸出を奨励し，貨幣鋳造のための金銀の輸入を図った。

ウ 海舶互市新例を発し，オランダと清に対し長崎への入港と取引額の制限を図った。

エ 物価抑制を理由に生糸などは江戸の問屋を経て輸出させ，貿易の統制を図った。

① 甲―ア　乙―ウ　　　② 甲―ア　乙―エ

③ 甲―イ　乙―ウ　　　④ 甲―イ　乙―エ

◆約300年にわたる近世という時代は，一般的に16世紀後半の織豊政権期から19世紀後半にかけての江戸時代後期までに該当する。このような長い期間なので，政治だけでなく，宗教や思想，文化面においてもそれぞれ社会的な役割や位置づけが変化している。その変化や展開に注目して，後の問い（**問1〜6**）に答えよ。

問1 近世における宗教の社会的役割の変化を次の3枚の**カード**にまとめた。このカードを参考にして，**図版ア・イ・ウ**を時代順に正しく並べたものを，後の①〜⑥のうちから一つ選べ。

カードⅠ
日本的な木造・瓦葺の寺社建築は，キリスト教布教のためにも取り入れられた。

カードⅡ
聖地・霊場への巡礼，社寺の参詣や開帳は，庶民にとって大切な娯楽の機会となった。

カードⅢ
殺生禁断や放生思想は，殺伐とした風潮から平和で安定した社会秩序を求める価値観を醸成した。

〔図版〕

ア　開帳（『江戸名所図会』）

イ　中野犬小屋図

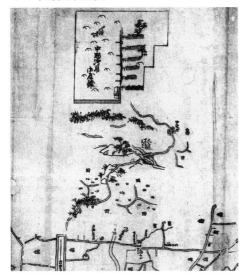

ウ　南蛮寺（『南蛮屛風』）

① ア→イ→ウ　　② ア→ウ→イ　　③ イ→ア→ウ

④ イ→ウ→ア　　⑤ ウ→ア→イ　　⑥ ウ→イ→ア

問2　江戸幕府は人心を統制するために仏教を利用したが，それについて述べた文X・Yの正誤の組合せとして正しいものを，下の①〜④のうちから一つ選べ。

　X　五人組に編成された村民は，村内の寺院が定めた村法に基づき寺院の監視のもと年貢の納入や犯罪防止に連帯責任を負った。

　Y　寺院が檀家であることを証明する絵踏を実施し，キリスト教だけでなく修験道や陰陽道の信仰を禁じた。

① X—正　Y—正　　　② X—正　Y—誤

③ X—誤　Y—誤　　　④ X—誤　Y—誤

問3　江戸時代に隆盛した儒学にはさまざまな学派があり，その中には封建社会を維持するための教学としての機能を果たしたものもあれば，幕政を批判し幕府から警戒されるものもあった。藤原惺窩の系譜に連なり，幕藩体制の教学としての役割を果たした学派について述べた**甲群**の文X・Yと**乙群**の文a・bの組合せとして正しいものを，下の①〜④のうちから一つ選べ。

〔甲群〕

　X　大義名分論に基づき，上下の身分秩序を重んじた。

　Y　知行合一の立場で現実を批判し，その矛盾を改めようとした。

〔乙群〕

　a　木下順庵に師事した人物が，将軍の権威強化を図り，朝鮮通信使の待遇を簡素化した。

　b　中江藤樹に師事した人物が，岡山藩主池田光政に仕え，藩校花畠教場を設けた。

① 甲—X　乙—a　　　② 甲—X　乙—b

③ 甲—Y　乙—a　　　④ 甲—Y　乙—b

問4 享保の改革では，それまで輸入品であった朝鮮人参の国産化や救荒に備えた食物の普及を図った。その背景には自然科学の発達があるが，当時の自然科学について述べた文Ⅰ・Ⅱの正誤の組合せとして正しいものを，下の①〜④のうちから一つ選べ。

Ⅰ 本草学は植物・動物・鉱物の薬用効果を研究する学問で，貝原益軒らが本草学者として知られる。

Ⅱ 漢訳洋書の輸入制限が緩和され，オランダ語を習得した青木昆陽は甘藷の普及を実現した。

① Ⅰ—正 Ⅱ—正 ② Ⅰ—正 Ⅱ—誤

③ Ⅰ—誤 Ⅱ—正 ④ Ⅰ—誤 Ⅱ—誤

問5 江戸時代の文化の展開を三つの潮流でとらえ，その傾向を3枚のカードにまとめた。このカードを参考にしてア〜ウの作品を年代順に正しく並べたものを，下の①〜⑥のうちから一つ選べ。

カードⅠ	カードⅡ	カードⅢ
三都の繁栄を背景にした幅広い町人文化で，情報伝達が発達し全国的な交流も進んだ。各地の名所・風景を題材とした安価な作品が普及した。	上方の有力町人が担い手となり，装飾的で洗練された作品が作られた。代表作には『伊勢物語』に素材を求めたものがある。	朝鮮人の技術が伝えられ，優れた作品が生産された。複数の顔料で絵付した技法の中でも赤絵と称される作品は秀逸である。

〔図版〕

ア 八橋蒔絵螺鈿硯箱

イ 富嶽三十六景神奈川沖浪裏

ウ 色絵花鳥文深鉢

① ア→イ→ウ ② ア→ウ→イ ③ イ→ア→ウ

④ イ→ウ→ア ⑤ ウ→ア→イ ⑥ ウ→イ→ア

問6 19世紀になり，学問や思想でも新たな傾向が生まれ，政局を左右するほどの影響を示すものもあった。このことについて述べた文の中で**誤っている**ものを，下の①〜④のうちから一つ選べ。

① 海保青陵は財政再建のために，商品経済の発展をもたらす殖産興業を重視した。

② 水戸藩では藩主徳川斉昭を中心に，藤田幽谷や会沢安らが尊王攘夷論を説いた。

③ 長崎でオランダ商館医のケンペルが鳴滝塾を開き，西洋文明や実学を講じた。

④ 開国後，外国人宣教師らが来日し欧米文化を伝えると，攘夷思想を見直す声も現れた。

◆江戸時代の学習を終えたクラスでは，260年以上も続いた江戸時代の特徴と時期区分を話し合った。3人がそれぞれ考えた江戸時代の特徴と転換点について，後の問い(**問1～6**)に答えよ。

〔Aさん〕

　江戸時代の特徴は，将軍が絶大な権力をもち，独裁政治によって人々を統治したことだと思います。その中でも大きな画期は，5代将軍徳川綱吉の時代だと思います。将軍の生まれた干支にちなんで犬をとりわけ愛護した生類憐みの令という発想は独善的ですが，その背景には，政治の基調が文治主義に転換し，ⓐ仏教や儒教の理念，神道の思想を政治に取り入れようとする意識が芽生えたことがあげられます。

〔Bさん〕

　私は江戸時代といえば，ⓑ町人の生活に活気があり，娯楽が盛んだったことに注目しています。しかし，ⓒ18世紀の終わり頃に行われた政治改革では，庶民の文化や社会生活に対し幕府が人々の浮かれた気分を引き締めようとしたので，その時期も一つの画期になると考えています。

〔Cさん〕

　徳川家康が戦国乱世を統一して長期政権の土台を築きましたが，3代将軍家光の時代には，すでに戦乱もなく安定した社会になりつつあり，家光は「生まれながらの将軍」といわれているそうです。この時期になると，ⓓ幕藩体制を支えるさまざまな制度や組織が整備されたので，私はこの時期が幕府権力の確立にとって重要な時期だと判断しました。

問1　Aさんの考える時代の画期性について，Bさんが行った反論として**成り立たないもの**を，下の①～④のうちから一つ選べ。

　①　徳川綱吉は前代の文治主義に基づく政治を否定し，武断主義によって独裁的な政治を実施したのではないか。

　②　徳川家康以来，将軍は側近の意見を重視して政治判断をしていたので，独裁した将軍はいなかったのではないか。

　③　儒教や仏教の理念に基づく政治は，4代将軍家綱の時期から始まっているのではないか。

　④　将軍が絶大な権力をもって政治を主導した時期は，ほかにもあるのではないか。

問2　下線部ⓐに関連して，この具体的な政策として正しい組合せを，下の①～④のうちから一つ選べ。

　A　生命を大切にするため捨子を禁止した。

　B　父母や親族の死去に際し忌引きなどの日数を定めた。

　C　財政難打開のため貨幣の改鋳を実施した。

　D　新しい宮家創設のために費用を献じた。

　①　A・B　　　②　B・C　　　③　A・D　　　④　C・D

問3　下線部ⓑに関連して，次の**史料**から読み取れる**内容甲・乙の正誤の組合せとして正しいもの**を，下の①〜④のうちから一つ選べ。

〔史料〕

　いにしへは百姓より町人は下座なりといへども，いつの頃よりか天下金銀づかひとなりて，天下の金銀財宝みな町人の方に主さどられる事にて，貴人の御前へも召出さるゝ事もあれば，いつとなく其品百姓の上にあるに似たり。況や百年以来は天下静謐の御代なる故，儒者，医者，歌道者，茶湯風流の諸芸者，多くは町人の中より出来る事になりぬ。　　　　　　　　　　　　　　　　（『町人嚢』）

〔内容〕

　甲　貨幣経済の発展は，身分の上下や尊卑の区別をいっそう強固なものにした。

　乙　貨幣経済の発展で実力をつけた町人は，文化の担い手としても成長した。

　①　甲―正　乙―正　　　　　②　甲―正　乙―誤

　③　甲―誤　乙―正　　　　　④　甲―誤　乙―誤

問4　下線部ⓒに関連して，この時に実施された政策を述べた文として**誤っているもの**を，下の①〜④のうちから一つ選べ。

　①　洒落本や好色本などの出版を禁じ，版元の蔦屋重三郎を弾圧した。

　②　『海国兵談』などの著書が人心を惑わしたとして，林子平を処罰した。

　③　朱子学を正学とし，聖堂学問所での朱子学以外の学派は異学として教授を禁じた。

　④　キリスト教関係以外の漢訳洋書の制限を緩和した。

問5　下線部ⓓに関連して，以下の江戸幕府が幕臣に対して定めた法度の**条文**から**読み取ることができない**内容を，後の①〜④のうちから一つ選べ。

〔条文〕

諸士法度

一　忠孝をはげまし，礼法を正し，常に文道武芸を心がけ，義理を専にし，風俗を乱すべからざる事。

一　軍役定の如く，旗，弓，鉄炮，鑓，甲冑，馬皆具，諸色，兵具・人積，相違無き様之を嗜むべき事。

一　跡目の儀，養子ハ存生の内言上致すべし，末期に及び忘却の刻申すといふとも，之を用ふべからず。勿論筋目無き者許容すべからず。縦実子為りと雖も，筋目違たる遺言立間敷事。

　　　寛永十二年十二月十二日　　　　　　　　　　　　　　　　　　（『御当家令条』）

　①　幕臣が礼儀を正し文武両道を心がけることで幕府権力を維持しようとした。

　②　幕臣の役割として軍備や武術の修練に励むことを課した。

　③　幕臣の家系を長期に存続させず，随時，有能な幕臣を新たに登用しようとした。

　④　幕臣の家系を存続させるため，後継者が不在の際は適任の養子を認めようとした。

問6 江戸時代の歴史的意義をとらえた**評価X・Y**の文とその**歴史的事象**の組合せとして正しいものを，下の①〜④のうちから一つ選べ。

〔評価〕

X　江戸時代は幕藩体制を堅持したが，社会経済の変化にも柔軟に対応した。

Y　江戸時代は鎖国制度を維持したが，異国や異域からの情報も受け入れた。

〔歴史的事象〕

A　株仲間の結成を公認した。

B　百姓が自主的に沿岸の防備を図った。

C　琉球王国から謝恩使や慶賀使が派遣されてきた。

D　遠国奉行を任命し監察にあたらせた。

①　X—A　Y—C　　②　X—A　Y—D

③　X—B　Y—C　　④　X—B　Y—D

時代別問題〈近代〉

黒船来航 「武州 潮田遠景」は，1854 年 1 月のペリー再来航時のようすを描いたもの。幕府に条約の締結を強く迫った結果，幕府もこれに屈し日米和親条約を結び，鎖国政策から開国へと転換した。なお本図は近晴画とあり，顔料に胡粉や白土を混ぜ合わせた絵具で描かれた泥絵である。

出題傾向と解法の手引き

　第 4 章では，19 世紀後半から 20 世紀前半にわたる近代日本の政治・外交・社会に関する内容を取り上げました。センター試験と同様に，試行調査やこれまで実施された共通テストの大問構成でも，近代・現代の比重が比較的高い傾向にあります。近代以降になると，文字史料や絵画資料などとともに統計資料を用いた出題が特徴的です。そのため，その分析や解読にも慣れておくことがとても重要になります。

　錦絵や写真，ポスターや絵葉書といった非文字資料と，文字史料や年表などを併用した問題も想定されます。これらの素材は多彩でなおかつ大量にあるので，はじめてみるものも少なくないでしょう。こうした問題への対策として，図録に収録されている図版を丹念に読み解き，そこからどのような問いが想定されるか，出題者の立場になって考えてみるのもいいでしょう。

16 　文明開化と日本の近代化

◆19世紀後半から20世紀初頭における文明開化と日本の近代化に関する【　A　】・【　B　】・【　C　】の史資料について，後の問い（**問1～6**）に答えよ。

【　A　】　次の文は明治期に活躍した啓蒙思想家の著書である。

　およそ人とさえ名あれば，富めるも貧しきも，強きも弱きも，人民も政府も，その権義において異なるなしとのことは，第二編に記せり。二編にある権理通義の四字を略して，ここにはただ権義と記したり。いずれも英語の「ライト」という字に当たる。……

　国とは人の集まりたるものにて，日本国は日本人の集まりたるものなり，英国は英国人の集まりたるものなり。日本人も英国人も等しく天地の間の人なれば，互いにその権義を妨ぐるの理なし。……今世界中を見渡すに，　　　　　とて文学も武備も盛んにして富強なる国あり，あるいは蛮野未開とて文武ともに不行届きにして貧弱なる国あり。……

　貧富・強弱の有様は，天然の約束に非ず，人の勉と不勉とに由って移り変わるべきものにて，今日の愚人も明日は智者となるべく，昔年の富強も今世の貧弱となるべし。古今その例少なからず。わが日本国人も今より学問に志し気力を慥かにして，まず一身の独立を謀り，したがって一国の富強を致すことあらば，何ぞ西洋人の力を恐るるに足らん。

問1　この史料から**読み取ることができない内容**を，下の①～④のうちから一つ選べ。
　①　「権義」は英語の「ライト」と同義語である。
　②　日本と西洋諸国の権利には少しの差もない。
　③　富強な国が貧弱な国に圧力を加えるのは当然である。
　④　貧富や強弱は固定されたものではない。

問2　Aさんはこの史料をはじめてみたが，これを記した人物は福沢諭吉ではないかと推測した。その**根拠**をまとめた次の文の（　X　）・（　Y　）に入る a～d の組合せとして正しいものを，下の①～④のうちから一つ選べ。

〔根拠〕
　国や人間には（　X　）とされているが，その違いは（　Y　）によると書かれている。そのため日本人も学問を志し一国として独立し国家の富強をめざすというこの思想は，この人物が書いた別の著書とも通底していると考えられるからである。
　a　貧富や強弱がなく平等である
　b　貧富や強弱が存在している
　c　勉学につとめるか否か
　d　経済的な豊さ
　①　X―a　Y―c　　　②　X―a　Y―d
　③　X―b　Y―c　　　④　X―b　Y―d

【 B 】

問3 この錦絵は明治初期の東京・銀座の景観を描いたものである。ここに描かれた事象として**読み取る**
ことが**できない**内容を，下の①〜④のうちから一つ選べ。

① 洋服着用が自由化されたので，煉瓦街には洋装の人々が多くみられた。

② ガス灯が設置されたので，暗い時でも明るさが保たれていた。

③ 駕籠（かご）や人力車，鉄道馬車が普及したので，人々の移動が楽になった。

④ 散髪令が発せられたので，「ざんぎり頭」が流行した。

問4 この錦絵に描かれている景観と同じ時期に結成されたX・Y二つの**結社**とその**説明文**の組合せとし
て正しいものを，下の①〜④のうちから一つ選べ。

〔結社〕

X　明六社　　　　Y　愛国社

〔説明文〕

a　啓蒙的思想団体として森有礼の発議により，西周や福沢諭吉らが参加した。

b　有司専制を批判して結成され，民撰議院設立の建白書を政府に提出した。

c　板垣退助を初代総理とし，主権在民・一院制の急進的自由主義を掲げた。

d　土佐の立志社を中心に，民権派の全国組織として全国の有志が結成した。

① X—a　Y—c　　　② X—a　Y—d

③ X—b　Y—c　　　④ X—b　Y—d

【 C 】　近代化を進めた日本では，近隣諸国との国交・国境問題の解決が主権国家として大きな課題であった。国交や国家主権に関連する次の**年表**と**説明文**について，下の問いに答えよ。

〔年表〕

西暦	事　　　　　　項
1871年	日清修好条規調印……a
1872年	琉球藩の設置
1873年	征韓論争が起こる
1874年	台湾出兵
1875年	樺太・千島交換条約調印……b
1876年	日朝修好条規調印……c

〔説明文〕

　ア　これにより，清と朝鮮との宗属関係は否定された。

　イ　これにより，両国が相互に領事裁判権を認め合った。

　ウ　これにより，両国人の雑居地は否定された。

問5　年表中のa・b・cと説明文ア・イ・ウの組合せとして正しいものを，下の①～⑥のうちから一つ選べ。

① 　a―ア　b―イ　c―ウ　　　② 　a―ア　b―ウ　c―イ

③ 　a―イ　b―ア　c―ウ　　　④ 　a―イ　b―ウ　c―ア

⑤ 　a―ウ　b―ア　c―イ　　　⑥ 　a―ウ　b―イ　c―ア

問6　現在の国際社会では主権を尊重し合うことで国家間の秩序が保たれている。これについて述べた次の文X・Yの正誤の組合せとして正しいものを，下の①～④のうちから一つ選べ。

　X　国際連合加盟国は，自衛のための戦争であっても，武力行使を慎む義務がある。

　Y　国際連合加盟国は，自国の利益に反する内容であっても，国連安全保障理事会の採決には従う義務がある。

① 　X―正　Y―正　　　② 　X―正　Y―誤

③ 　X―誤　Y―正　　　④ 　X―誤　Y―誤

17 立憲国家の成立

◆立憲国家成立前後の政治と社会について，Aさんは調べ学習を進めている。これに関し，後の問い（**問1〜6**）に答えよ。

問1 岩倉使節団が欧米を歴訪している間，留守政府は使節団と約束を交わした上で政策を実施した。留守政府が実施した政策として正しいものを，下の①〜④のうちから一つ選べ。

① 琉球藩を設置した。

② 沖縄県を設置した。

③ 台湾出兵を実施した。

④ 小笠原諸島の領有を各国に宣言した。

問2 征韓論争後の政府について述べた文甲・乙の正誤の組合せをとして正しいものを，下の①〜④のうちから一つ選べ。

甲 内務省を新設し，大久保利通がその初代長官となった。

乙 日清修好条規を調印し，相互に開港して領事裁判権を認め合った。

① 甲―正 乙―正 ② 甲―正 乙―誤

③ 甲―誤 乙―正 ④ 甲―誤 乙―誤

問3 Aさんは自由民権運動の展開を**年表**にまとめていた際，次の甲・乙の史料をみつけた。この史料はそれぞれ**年表**の（ ア ）〜（ エ ）のどの位置に入るか，正しい組合せを後の①〜④のうちから一つ選べ。

〔年表〕

西暦	民権派の動き	政府の対応
1874年	民撰議院設立の建白書の提出	
1875年	愛国社結成	漸次立憲政体樹立の詔出される。（ ア ）
1877年	立志社建白	
1878年	愛国社再興	
1880年	国会期成同盟結成	（ イ ）
1881年	開拓使官有物払下げ事件，自由党結成	明治十四年の政変，（ ウ ）
1882年	立憲改進党の結成	
1884年	秩父事件が起こる	松方デフレ政策の進行
1885年	大阪事件が起こる	内閣制度発足
1886年	大同団結の提唱	
1887年	三大事件建白運動	（ エ ）
1888年		枢密院設置
1889年		大日本帝国憲法発布
1890年		第1回総選挙

〔史料〕

甲　皇居又ハ行在所ヲ距ル三里以内ノ地ニ住居又ハ寄宿スル者ニシテ，内乱ヲ陰謀シ又ハ教唆シ
又ハ治安ヲ妨害スルノ虞アリト認ムルトキハ，警視総監又ハ地方長官ハ内務大臣ノ認可ヲ経，
期日又ハ時間ヲ限リ退去ヲ命シ，三年以内同一ノ距離内ニ出入寄宿又ハ住居ヲ禁スルコトヲ得。

乙　政治ニ関スル事項ヲ講談論議スル為メ公衆ヲ集ムル者ハ，開会三日前ニ講談論議ノ事項，講談論
議スル人ノ姓名，住所，会同ノ場所，年月日ヲ詳記シ，其会主又ハ会長，幹事等ヨリ管轄警察署
ニ届出テ，其認可ヲ受クヘシ。

①　甲―ア　乙―ウ　　　②　甲―ア　乙―エ

③　甲―エ　乙―イ　　　④　甲―エ　乙―ア

問4　大日本帝国憲法の発布とその内容に関して述べた文甲・乙について，その正誤の組合せとして正し
いものを，下の①～④のうちから一つ選べ。

甲　この憲法は天皇が定め，人々に与える形式で発布された。

乙　この憲法では，臣民(国民)の権利は法律の範囲内で認める制限付きであった。

①　甲―正　乙―正　　　②　甲―正　乙―誤

③　甲―誤　乙―正　　　④　甲―誤　乙―誤

問5　次の図版は1890年に実施された第1回衆議院議員総選挙の投票風景である。この**図版**から**推測する**
ことができない内容として適当なものを，下の①～④のうちから一つ選べ。

〔図版〕

①　有権者の列に女性がいないので，女性には選挙権がなかった。

②　立会人や警察官がいるので，不正防止などが図られていた。

③　制限選挙だったので，華族しか投票することができなかった。

④　多くの人が集まっているが，投票しているのは盛装した中央の男性だけなので，制限選挙であっ
た。

問6　Aさんは初期議会に興味をもち，その内容を調べてみた。初期議会の特徴について述べた文として
誤っているものを，下の①～④のうちから一つ選べ。

①　初期議会では政府の方針が示されるだけで，議決が行われることはなかった。

②　政府は政党に対し，超然主義の姿勢で臨んだ。

③　政府を支持する吏党の勢力は，自由民権運動の流れをくむ民党に劣勢であった。

④　軍事費に関して，日清戦争開始前まで政府と民党の間で激しい対立があった。

18 日清戦争と日露戦争

◆日本が大国化していく過程では，何度かの戦争を体験した。それについて日本史の授業で調べて発表することになり，Ａさん，Ｂさん，Ｃさんはそれぞれ資料を集め，発表に備えていた。これに関し，後の問い（**問1～6**）に答えよ。

問1 Ａさんは発表に向けて，次の**図版**と**史料**をみつけ，二つの関連性を調べた。これについて述べた文甲・乙の正誤の組合せとして正しいものを，下の①～④のうちから一つ選べ。

〔図版〕

日本が経験したある戦争に関する図

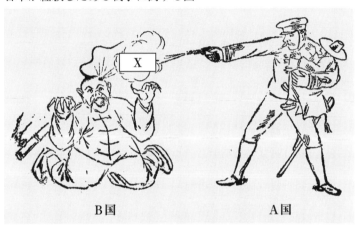

B国　　　　　　　　A国

〔史料〕

　　我日本の国土は亜細亜の東辺に在りと雖ども，其国民の精神は，既に亜細亜の固陋を脱して，西洋の文明に移りたり。然るに爰に不幸なるは，近隣に国あり，一を支那と云ひ，一を朝鮮と云ふ。……此二国の者共は，一身に就き，又一国に関して，改進の道を知らず，……左れば今日の謀を為すに，我国は隣国の開明を待て共に亜細亜を興すの猶予ある可らず，寧ろ其伍を脱して西洋の文明国と進退を共にし，其支那朝鮮に接するの法も，隣国なるが故にとて特別の会釈に及ばず，正に西洋人が之に接するの風に従て処分す可きのみ。悪友を親しむ者は，共に悪名を免かる可らず。我れは心に於て亜細亜東方の悪友を謝絶するものなり。

甲　史料の考えは，図版が示す状況に合致している。

乙　この後，Ａ国はＢ国から植民地を獲得し，ヨーロッパ諸国もＢ国へ進出した。

① 甲―正　乙―正　　② 甲―正　乙―誤

③ 甲―誤　乙―正　　④ 甲―誤　乙―誤

問2 図版中の空欄Ｘには，史料中にある漢字2文字の語句が入る。それを下の①～④のうちから一つ選べ。

① 固陋　　　② 不幸　　　③ 謝絶　　　④ 文明

問3　下関条約で日本が獲得した内容について述べた文甲・乙の正誤の組合せとして正しいものを，下の①～④のうちから一つ選べ。

甲　２億両の賠償金を獲得した。

乙　割譲が認められた台湾や澎湖諸島は，三国干渉を受けて返還した。

① 甲―正　乙―正　　　② 甲―正　乙―誤

③ 甲―誤　乙―正　　　④ 甲―誤　乙―誤

問4　Ｂさんは日清戦争と日露戦争の二つの戦争に関連する事象としてＸ・Ｙ・Ｚを列挙したが，年代順に正しく配列したものを，下の①～④のうちから一つ選べ。

Ｘ　朝鮮半島に出兵する際には互いに事前通告する。

Ｙ　壬午事変

Ｚ　日比谷焼打ち事件

① Ｘ→Ｙ→Ｚ　　　② Ｙ→Ｘ→Ｚ

③ Ｚ→Ｙ→Ｘ　　　④ Ｘ→Ｚ→Ｙ

問5　次の資料は，Ｃさんが日露戦争後の日本と韓国の関係をまとめたものである。（　甲　）・（　乙　）に入る人名の組合せとして正しいものを，下の①～④のうちから一つ選べ。

西暦	韓国の動き	日本の動き
1905年		韓国の外交権を接収
1907年	ハーグ密使事件 義兵運動の本格化	韓国の内政権を接収
1909年	ハルビンで（ 甲 ）暗殺	
1910年	大韓帝国を朝鮮に改称	韓国を植民地とする 初代朝鮮総督に（ 乙 ）が就任

① 甲―伊藤博文　乙―寺内正毅　　　② 甲―伊藤博文　乙―桂太郎

③ 甲―寺内正毅　乙―伊藤博文　　　④ 甲―桂太郎　　乙―寺内正毅

問6 Cさんはこの時期を描いた絵画資料を集めることにしたが，その資料として適当なものを，**説明文**を参考にして下の①～④のうちから一つ選べ。

〔説明文〕

1908年に刊行されたもので，統監政治のあり方が描写されている。

① 「ああ増税」

② 「伊藤博文の鵺亀」

③ 「火中の栗」

④ 大政翼賛会のポスター

19 第一次世界大戦前後の社会と経済

◆「第一次世界大戦前後の社会と経済」というテーマ学習で，AさんとBさんはこのテーマに関連する資料を集め，発表の準備をしている。これに関し，後の問い（**問 1 ～ 6**）に答えよ。

〔Aさんが集めた資料〕

史料 I

　斯かる次第で日本は今日同盟条約の義務に依って参戦せねばならぬ立場には居ない。条文の規定が，日本の参戦を命令するやうな事態は，今日の所では未だ発生しては居ない。たゞ一は英国からの依頼に基く同盟の情誼と，一は帝国が此機会に独逸の根拠地を東洋から一掃して，国際上に一段と地位を高めるの利益と，この二点から参戦を断行するのが機宜の良策と信ずる。左りながら此際参戦せず，単に好意の中立を守って，内に国力の充実を図る事も一策と言ふ事が出来る。

史料 II

　ⓐ青島陥落が吾輩の予想より遥かに早かりしは，同時に戦争の不幸のまた意外に少なかりし意味において，国民と共に深く喜ぶ処なり。しかれども，かくて我が軍の手に帰せる青島は，結局いかに処分するを以て，最も得策となすべきか。これ実に最も熟慮を要する問題なり。

　この問題に対する吾輩の立場は明白なり。アジア大陸に領土を拡張すべからず，満州も宜しく早きに迫んでこれを放棄すべし，とはこれ吾輩の宿論なり。

　……かくて我が国の青島割取は実に不抜の怨恨を支那人に結び，欧米列強には危険視せられ，決して東洋の平和を増進する所以にあらずして，かえって形勢を切迫に道くものにあらずや。

〔Bさんが集めた資料〕

図版 I　貿易額の推移

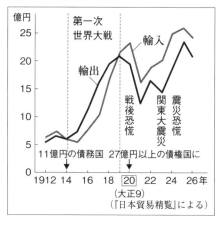

億円

第一次世界大戦
輸入
輸出
戦後恐慌
関東大震災
震災恐慌

11億円の債務国に　27億円以上の債権国に

1912　14　16　18　20　22　24　26年
（大正9）
（『日本貿易精覧』による）

図版 II　富山の女一揆（『東京朝日新聞』1918年8月8日付）

問1 Aさんは，史料Ⅰ・Ⅱから第一次世界大戦に際し，賛否さまざまな意見が表明されていたことを学んだ。二つの史料から読み取れる**賛成の理由Xと反対の理由Y**の組合せとして正しいものを，下の①〜④のうちから一つ選べ。

〔**賛成の理由—X**〕

 ア 参戦することは日本の義務である。

 イ 国際的な地位を高める利益がある。

〔**反対の理由—Y**〕

 a 領土を拡張することで欧米から日本が危険視される。

 b 領土を拡張することで日本国民から反感を買う。

 ① X—ア Y—a ② X—ア Y—b

 ③ X—イ Y—a ④ X—イ Y—b

問2 Aさんが集めた資料に対し，先生が当時の社会状況を理解するために紹介した参考資料として適当なものを，下の①〜④のうちから一つ選べ。

①

②

③

④
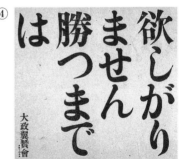

問3　史料Ⅱの下線部ⓐに関連して，ヴェルサイユ条約で取り決められたこの都市に対する処置として正しいものを，下の①～④のうちから一つ選べ。

①　中国の統治下とされた。

②　日本に権益があることが認められた。

③　ドイツに権益があることが認められた。

④　アメリカが委任統治することになった。

問4　Bさんは図版Ⅰから第一次世界大戦中の日本の経済について，次の甲・乙を考えた。その正誤の組合せとして正しいものを，下の①～④のうちから一つ選べ。

甲　大戦中は交戦国から軍需品などの需要が増大したので，好景気だった。

乙　貿易額は輸出超過で増加傾向にあったので，国内の物価は下がった。

①　甲―正　乙―正　　　②　甲―正　乙―誤

③　甲―誤　乙―正　　　④　甲―誤　乙―誤

問5　図版Ⅱの原因と結果について，その組合せとして正しいものを，下の①～④のうちから一つ選べ。

〔原因〕

ア　第一次世界大戦中でアジア市場や欧米市場への米の輸出が増大した中で，国内の農業生産は停滞し需要に対して生産が追いつかず米不足が生じた。

イ　シベリア出兵で米の需要が増えることを見込んだ投機的買占めによって米価が急騰し，米の安売りや買占め反対を求めた。

〔結果〕

a　寺内正毅内閣は国内の需要を満たすため，外国産の米の輸入を認めた。

b　寺内正毅内閣は軍隊を動員して鎮圧したため，責任を問われ総辞職した。

①　ア―a　　　②　ア―b　　　③　イ―a　　　④　イ―b

問6　第一次世界大戦中に，大正デモクラシーの風潮を広げる大きな役割を果たした主張として次の史料がある。この主張を行った人物Xと史料から読み取れる内容Yの組合せとして正しいものを，下の①～④のうちから一つ選べ。

〔史料〕

　我々が視て以て憲政の根柢と為すところのものは，政治上一般民衆を重んじ，其間に貴賤上下の別を立てず，而かも国体の君主制たると共和制たるとを問はず，普く通用する所の主義たるが故に，民本主義といふ比較的新しい用語が一番適当であるかと思ふ。

〔人物―X〕　　　ア　福沢諭吉　　　イ　吉野作造

〔内容―Y〕

a　政治の目的は，君主主権であろうと国民主権であろうと，一般民衆の幸福を追求することにある。

b　政治の目的は，一般民衆に広く君主制を理解させ，君主制に反対する国民を教化することにある。

①　X―ア　Y―a　　　②　X―ア　Y―b

③　X―イ　Y―a　　　④　X―イ　Y―b

20 近代の文化

◆明治時代から昭和初期にかけての文化的潮流をあらわす次の資料に関し，後の問い（**問1〜6**）に答えよ。

〔資料〕

Ⅰ　舞踏会のようす

Ⅱ　廃仏毀釈

Ⅲ　「のらくろ」

問1　資料Ⅰの時期の政治や社会について述べた文として正しいものを，下の①〜④のうちから一つ選べ。

①　この時期には，西洋諸国の例にならい暦法が改められ，太陽暦が採用された。

②　この時期には，小学生男女を身分にかかわりなく学ばせる方針が打ち出された。

③　この時期には，条約改正のため日本国内を外国人に開放することが提案された。

④　この時期には，個人消費支出が増加し，「大衆消費社会」的状況が現れた。

問2 資料Ⅰに関連した図版として正しいものを，下の①〜④のうちから一つ選べ。

①

②

③

④

問3 次の文は**資料Ⅱ**に関する**説明文**である。（　甲　）に入る語句として最も適当なものを，下の①〜④のうちから一つ選べ。

〔説明文〕

　　この図は，地域の寺院を小学校にするために経文などを焼いているようすを描いたものである。全国に所在する神社の中には，これまで（　甲　）ところもあったが，それを改め神道国教化の方針が示された。

①　神仏習合している

②　神仏分離している

③　キリスト教を信仰している

④　手習い塾を営んでいる

問4　**資料Ⅲ**は『少年倶楽部』という雑誌に長期にわたり連載された田河水泡の人気漫画「のらくろ」の一場面である。この漫画は1931年から連載が始まったが，1941年に打ち切りとなった。次の説明文を参考にし，打ち切りになった背景として最も適当なものを，下の①〜④のうちから一つ選べ。

〔解説文〕

　　作者の田河水泡は，1899年に東京で生まれた。この漫画は，のら犬の黒吉が軍隊生活する経験をユーモアたっぷりに描いており，多くの愛読者の笑いをさそった。

①　政府が物資不足の戦時下での漫画出版に難色を示し，執筆中止を求めた。

②　漫画ブームが終わり，トーキー（有声映画）として公開されることになった。

③　ラジオドラマ化したため，高額な代金を支払う漫画の人気が衰えた。

④　動物を主人公とする漫画が動物愛好者から批判された。

問5　**資料Ⅲ**と同じ時期に発表された戦争文学で，著者自らの従軍体験を記録した作品を，下の①〜④のうちから一つ選べ。

①　麦と兵隊　　　　②　夜明け前　　　　③　蟹工船　　　　④　アッツ島玉砕

問6　**資料Ⅰ〜Ⅲ**の中にもう一つの**資料Ⅹ**を加え，それらを年代順に正しく並べたものを，下の①〜④のうちから一つ選べ。

〔資料〕　Ⅹ　水平社

①　Ⅱ→Ⅰ→Ⅹ→Ⅲ　　　　②　Ⅱ→Ⅹ→Ⅰ→Ⅲ

③　Ⅰ→Ⅱ→Ⅹ→Ⅲ　　　　④　Ⅹ→Ⅱ→Ⅲ→Ⅰ

時代別問題〈近代・現代〉

第 1 回原水爆禁止世界大会 戦後日本は平和国家として再出発したが，国際社会では現在も核兵器の問題を抱えている。1954年 3 月，太平洋のビキニ環礁でのアメリカの水爆実験では，日本の第五福竜丸が被曝した。これを機に原水爆禁止運動が高揚し，1955 年 8 月に広島で第 1 回原水爆禁止世界大会が開催された。

出題傾向と解法の手引き

　第 5 章は近代から現代にわたる内容を扱います。共通テストでも，時代の幅を大きくとる出題，複数の時代にわたる出題がみられるので，その傾向に慣れるためです。

　近代以降，さまざまな分野の統計が収集されており，とくに財政や経済，貿易，産業といった分野では作問に統計資料が活用される可能性は高いといえるでしょう。その対策には，第 4 章でもふれたように図録のグラフなどから得られる情報を整理しておくことが肝要です。なお，図録に掲載されている統計資料は限られていますので，別途，資料集などを参考にするといいでしょう。たとえば，三和良一・原朗編『近現代日本経済史要覧』（東京大学出版会）は，長期統計と時期別史料に分けて豊富なデータが収録されており，とても参考になります。

◆大国化を進めた近現代の日本は，その過程で数度にわたる戦争を経験し，それとともに国際的な立場や役割も変化した。戦争や国際貢献についての国策やさまざまな意見を調べ，授業で発表する準備をしているＡさんは，戦争や領土的侵略を否定する意見を述べた次の史料を使ってこの問題を考察していくことにした。これに関し，後の問い（**問1～6**）に答えよ。

〔史料Ⅰ〕

　余ハ日露非開戦論者である許りでない，戦争絶対的廃止論者である。戦争ハ人を殺すことである。爾うして人を殺すことハ大罪悪である。爾うして大罪悪を犯して個人も国家も永久に利益を収め得やう筈ハない。世にハ戦争の利益を説く者がある。然り，余も一時ハ斯かる愚を唱へた者である。然しながら今に至て其愚の極なりしを表白する。戦争の利益ハ其害毒を贖ふに足りない，戦争の利益ハ強盗の利益である。……二億の富と一万の生命を消費して日本国が此戦争より得しものハ何である乎。

〔史料Ⅱ〕

　ⓐ正当防衛に依る戦争が若しありとするならば，其の前提に於て侵略を目的とする戦争を目的とした国があることを前提としなければならぬのであります。故に正当防衛，ⓑ国家の防衛権に依る戦争を認むると言ふことは，偶々戦争を誘発する有害な考へであるのみならず，若し平和団体が，国際団体が樹立された場合に於きましては，正当防衛権を認むると言ふことそれ自身が有害であると思ふのであります。

〔史料Ⅲ〕

　仮に会議の主動者には，ⓒ我が国際的地位低くして成り得んだとしても，もし政府と国民に，総てを棄てて掛るの覚悟があるならば，会議そのものは，必ず我に有利に導き得るに相違ない。たとえば満州を棄てる，（　甲　）を棄てる，その他支那が我が国から受けつつありと考うる一切の圧迫を棄てる，その結果はどうなるか。またたとえば朝鮮に，台湾に自由を許す，その結果はどうなるか。英国にせよ，米国にせよ，非常の苦境に陥るだろう。何となれば彼らは日本にのみかくの如き自由主義を採られては，世界におけるその道徳的位地を保つに得ぬに至るからである。……ここにすなわち「身を棄ててこそ」の面白味がある。遅しといえども，今にしてこの覚悟をすれば，我が国は救われる。しかも，こがその唯一の道である。しかしながらこの唯一の道は，同時に，我が国際的位地をば，従来の守勢から一転して攻勢に出でしむるの道である。

問1　下線部ⓐに関連して，1950年代の占領期の出来事について述べた文**X・Y**の正誤の組合せとして正しいものを，下の①～④のうちから一つ選べ。

　　X　朝鮮戦争が始まると，在日米軍は朝鮮半島へ出動し，日本には自衛隊が新設された。

　　Y　米軍立川基地の拡張をめぐり，反対派と警察隊が衝突する砂川事件が起こった。

　　①　**X**―正　**Y**―正　　　②　**X**―正　**Y**―誤

　　③　**X**―誤　**Y**―正　　　④　**X**―誤　**Y**―誤

問2 下線部ⓑに関連して，戦後の日本で創設された防衛組織について，年代順に3枚の**カード**にまとめた。**カード2**に入る内容として適当なものを，下の①～④のうちから一つ選べ。

カード1
マッカーサーの指令を受け，警察予備隊令が制定され，定員7万5,000人の警察予備隊が発足した。

カード2

カード3
防衛庁のもとに陸上・海上・航空の3自衛隊が発足した。

① 保安庁が設置され，警察予備隊は保安隊として新国軍の土台と位置づけられた。
② PKO協力法により，国際秩序維持のために日本の防衛組織が海外に派兵された。
③ 日米防衛協力のための指針（ガイドライン）により，日米共同訓練実施が定められた。
④ アメリカ陸軍長官が，日本は共産主義に対する防壁とするとの演説を行った。

問3 史料Ⅱから読み取れるX・Yの正誤の組合せとして正しいものを，下の①～④のうちから一つ選べ。

X 国際的平和団体が認めた正当防衛としての戦争を肯定している。
Y 正当防衛だとしてもその前提には侵略があり，いずれも認めることはできない。

① X―正　Y―正　　　② X―正　Y―誤
③ X―誤　Y―正　　　④ X―誤　Y―誤

問4 下線部ⓒに関連して，Aさんは，日本の国際的地位が高まった時期としてXとYの二つ**時期**を想定した。二つの**時期**とそれを想定した**根拠**の組合せとして正しいものを，下の①～④のうちから一つ選べ。

〔想定した時期〕
　X 1920年　　　Y 1990年

〔根拠〕
A 国際的な平和組織が発足し，日本はイギリス・フランス・イタリアとともに常任理事国となった。
B 対外的に日本の韓国に対する指導権が認められた。
C GNPがアメリカにつぎ世界第2位になった。
D ODAの供与額が世界第1位になった。

① X―A　Y―C　　　② X―A　Y―D
③ X―B　Y―C　　　④ X―B　Y―D

問5 次の説明文を参考にして（　甲　）に入る適当な語句を，下の①〜④のうちから一つ選べ。

> この中心都市はドイツが租借したのち，日本が占領した。その後，田中義一内閣が在留日本人の生命・財産の保護を名目とした派兵を行った。

① 朝鮮　　② 山東　　③ 台湾　　④ 東三省

問6 三つの史料とさらに〔　乙　〕の出来事を加えて時代順に並べると，Ⅰ→〔　乙　〕→Ⅲ→Ⅱの順になる。乙に入る適当な出来事と**史料Ⅰの発言を行った人物**の組合せとして正しいものを，下の①〜④のうちから一つ選べ。

〔　乙　〕

　　a　シベリア出兵　　　　b　満洲事変

〔人物〕

　　ア　内村鑑三　　　イ　吉野作造

① 乙―a　Ⅰ―ア　　② 乙―a　Ⅰ―イ

③ 乙―b　Ⅰ―ア　　④ 乙―b　Ⅰ―イ

22　自校史から考える現代の日本

◆AさんとBさんは，自分たちが通っている高校の歴史を調べ，文化祭で展示発表することになった。Aさんは，1963年に創立した学校の周年行事や記念誌をもとにして10年ごとに興味深いトピックスを取り上げ，**年表**にまとめた。Bさんは，1980年代に在学していた卒業生Yさんに在学中の**聞き取り調査**を行った。これに関し，後の問い（**問1～6**）に答えよ。

〔Aさんが作った年表〕

西暦	事　　項
1963年	G高校創立。
1973年	（　甲　）……この時，狂乱物価で学校でも生活必需品の不足が深刻化した。
1983年	ロッキード事件で田中角栄元首相に実刑判決。
1993年	この年から⒜沖縄研修旅行が始まる。
2003年	この年から⒝海外研修旅行が始まる。
2013年	創立50周年記念行事で卒業生Y氏の講演会開催。

〔BさんがYさんから聞き取り調査した内容〕

> 　Yさんは1986年から3年間，私たちの高校に在籍していました。当時の高校生の中では，（　乙　）に夢中になる者も多く，いっぽう，大学生だったYさんの姉は就職活動中で，⒞これまでと就職活動の条件が変わり，毎日会社を訪問していたそうです。また，Yさんが卒業を迎える頃，日本は好景気が続いており，友人の中には大企業に就職する人も多くいたそうです。

問1　（　甲　）に入る語句と，その**説明**の組合せとして正しいものを，下の①～④のうちから一つ選べ。

〔甲に入る語句〕

　　ア　第1次石油危機　　　イ　第2次石油危機　　　ウ　湾岸戦争　　　エ　プラザ合意

〔説明〕

　　A　第4次中東戦争の影響で，日本の鉱工業生産は大きく落ち込んだ。

　　B　イラン革命の影響による狂乱物価や物資の不足を，日本は省エネと技術革新で乗り切った。

　　C　円高不況が生じ，輸出産業への打撃は深刻だった。

　　D　アメリカから国際貢献を求められた日本は，多額の資金援助を行った。

　　①　ア―A　　　　②　イ―B　　　　③　ウ―C　　　　④　エ―D

問2 下線部ⓐに関連して，沖縄研修旅行でのグループ活動は，沖縄戦を学習する機会でもある。この学校の沖縄研修旅行が始まった当時の沖縄について述べた文X・Yの正誤の組合せとして正しいものを，下の①〜④のうちから一つ選べ。

X 在日米軍基地全体の約75％が沖縄に集中していた。

Y 冷戦下での沖縄は西側諸国から「太平洋の要石」とされた。

① X—正　Y—正　　　② X—正　Y—誤

③ X—誤　Y—正　　　④ X—誤　Y—誤

問3 下線部ⓑに関連して，海外研修旅行は日本の国際化が進展したことを背景としている。このことについて述べた文として正しいものを，下の①〜④のうちから一つ選べ。

① 「核抜き・本土並み」の沖縄日本復帰がめざされた。

② 京都議定書が採択され温室効果ガス排出削減目標が定められた。

③ 金融緊急措置令によってインフレーションの抑制が図られた。

④ ドル安・円高で海外渡航者数が1,000万人に達した。

問4 （乙）に入る語句として最も適当なものを，下の①〜④のうちから一つ選べ。

① ファミコン　　② SNS　　③ 愛国イロハカルタ　　④ 学生運動

問5 下線部ⓒに関連して，当時の女性について述べた文として最も適当なものを，下の①〜④のうちから一つ選べ。

① 雇用機会均等法によって，女性の社会進出が進展する兆しがみられた。

② モガとよばれた女性が都会を闊歩した。

③ 女性が参政権を獲得した最初の衆議院議員選挙が行われた。

④ 過疎化が進行した農村では，「三ちゃん農業」の重要な担い手であった。

問6 聞き取り調査を体験したBさんは，その後，証言などから歴史を考えるオーラル・ヒストリーに興味をもち，大学へ進学し歴史学を専攻しようと考えている。これに関する次の文章の（甲）・（乙）に入る語句の組合せとして正しいものを，下の①〜⑥のうちから一つ選べ。

戦争体験や被爆体験をもつ方からその話をうかがう機会は，これからますます少なくなっていくだろう。そこで，今度の長期の休みを利用し，1945年8月6日に起こったことを体験者の方からうかがうため，（甲）に行き，世界遺産として登録された（乙）の前で日時を決めて会うことにした。

甲　ア　広島　　イ　長崎　　ウ　沖縄

乙　A　産業革命遺跡　　B　首里城　　C　原爆ドーム

① 甲—ア　乙—A　　② 甲—イ　乙—B　　③ 甲—ア　乙—C

④ 甲—イ　乙—A　　⑤ 甲—ウ　乙—A　　⑥ 甲—ウ　乙—B

◆3学期の日本史の授業では，事前に与えられた「現代の国際社会における日本」というテーマで各自が調べ学習を進め，発表を行うことになった。Aさん・Bさん・Cさんはそれぞれ資料を作成し，以下の発表を行った。これに関し，後の問い（**問1～6**）に答えよ。

〔Aさんの発表原稿〕

　　　第二次世界大戦に敗れた日本は，連合軍による占領政策を経て国際社会に復帰しました。1951年にアメリカのサンフランシスコで講和会議が開かれ，そこで平和条約とともに日米安全保障条約が結ばれ，これにより（　甲　）ことになりました。

〔Bさんの発表原稿〕

　　　国際社会に復帰した日本では，1956年の経済白書に「もはや戦後ではない」と宣言されました。それ以降，日本経済は⒜技術革新により高度成長をはたし，1968年には資本主義諸国の中で国民総生産が世界第2位となりました。

〔Cさんの発表原稿〕

　　　私は現代日本が国際社会に復帰した象徴的なイベントとして，次の二つを取り上げたいと思います。一つめは，1964年に開催された（　A　）で，これはアジアで初開催のイベントとしても知られ，この年には（　乙　）も開通し，インフラが大きく進展しました。もうひとつは1970年の（　B　）についてです。この時には，「人類の進歩と調和」がテーマに掲げられました。

問1　Aさんの発表原稿の（　甲　）に入る文として最も適当なものを，下の①～④のうちから一つ選べ。

①　日本はアメリカに軍事的に依存する関係を築く

②　日本はアメリカに経済的に依存する関係を築く

③　両国は相互に監視し合う関係を築く

④　両国は国際的な冷戦から離脱する関係を築く

問2　Aさんは，発表に向けて日本の国際社会復帰前後の状況を説明する次のような**カード**を作成した。
Ⅰ・Ⅱに入る文の組合せとして最も適当なものを，下の①～④のうちから一つ選べ。

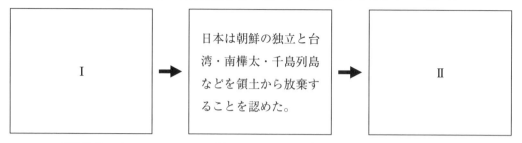

Ⅰ　ア　朝鮮戦争に在日アメリカ軍が動員され，その軍事的空白を埋めるため日本では旧軍人の公職
　　　追放解除が進められた。

　　イ　朝鮮戦争で朝鮮半島は南北分断状態になったが，休戦協定が調印された。

Ⅱ　ウ　1ドル＝360円の単一為替レートを設定し，日本経済は国際経済に直結した。

　　エ　新興の独立国が結集し，アジアやアフリカ諸国が国連加盟国の過半数を占めるようになった。

①　Ⅰ―ア　Ⅱ―ウ　　　②　Ⅰ―ア　Ⅱ―エ

③　Ⅰ―イ　Ⅱ―ウ　　　④　Ⅰ―イ　Ⅱ―エ

問3　Bさんは1970年代から2000年代までの日本の経済成長率の変動に関し，その画期となる事項を次の
ように**年表**にまとめた。この中で成長率が下落した時期としてBさんは**X・Y**の出来事に注目した。
出来事と**理由**の組合せとして正しいものを，下の①～④のうちから一つ選べ。

〔年表〕

西暦	出　来　事
1973年	第4次中東戦争
1985年	プラザ合意……X
1991年	湾岸戦争
1993年	平成不況（バブル経済の崩壊）……Y
2008年	リーマン＝ショック

〔理由〕

a　この結果，ドル高是正が合意され円高が加速し，輸出産業の不況が深刻化した。

b　この結果，アメリカの投資銀行が経営破綻し，それを機に世界的な金融危機が起こった。

c　この結果，アラブ産油国で資源ナショナリズムが高まり，原油価格を引き上げたため，安価な原
　油供給が不可能となった。

d　この結果，株価や地価が暴落し，不良資産となった株式や土地を大量に抱え込んだ金融機関の経
　営が悪化した。

①　X―a　Y―c　　　②　X―a　Y―d

③　X―b　Y―c　　　④　X―b　Y―d

問4 下線部ⓐに関連して，Bさんが示した1960年代の出来事として適当なものを，下の①〜④のうちから一つ選べ。

① テレビ放送が始まり，日常生活にテレビが欠かせないものとなった。

② 太陽光・風力・地熱・バイオマスなど再生可能エネルギーへの関心が高まった。

③ 日本の自動車輸出が拡大したのでアメリカの自動車産業は打撃を受け，ジャパン＝バッシングが強まった。

④ モータリゼーションにより自家用車が普及し，名神高速道路や東名高速道路が全通した。

問5 Cさんが（ A ）・（ B ）を説明するために用意した写真の組合せとして正しいものを，下の①〜④のうちから一つ選べ。

ア　横浜ゲーリック球場での日本プロ野球初のナイター

イ　東京オリンピック

ウ　日本初の人工
　　衛星打上げ

エ　「太陽の塔」

① A—ア　B—ウ　　② A—ア　B—エ

③ A—イ　B—ウ　　④ A—イ　B—エ

問6 Cさんの発表原稿の（ 乙 ）に入る語句として最も適当なものを，下の①〜④のうちから一つ選べ。

① 東京・猪苗代間長距離高圧送電　　② 東名高速道路

③ 都営地下鉄　　　　　　　　　　　④ 東海道新幹線

◆次に示した経済に関する統計資料について，後の問い（**問1〜6**）に答えよ。

〔資料〕

I

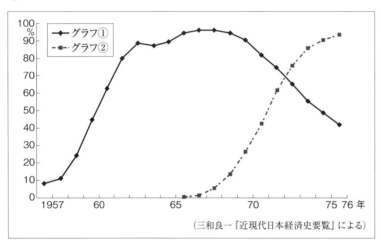

（三和良一『近現代日本経済史要覧』による）

II

年度（西暦）	（ A ）	石炭	天然ガス	（ B ）	水力
1953	15.3%	47.7%	0.2%	―	29.0%
1975	73.4%	16.4%	2.5%	1.5%	5.3%
1985	56.3%	19.4%	9.4%	8.9%	4.7%
2005	49.0%	20.3%	13.8%	11.3%	2.8%

（資源エネルギー庁『総合エネルギー統計』（平成16年度版），資源エネルギー庁 HP（「総合エネルギー統計」）
より）

III　日本と主要先進国の経済成長率

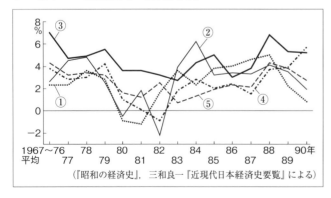

（『昭和の経済史』，三和良一『近現代日本経済史要覧』による）

問1 資料Ⅰのグラフはある耐久消費財の普及率を示したものである。これについて述べた文X・Yの正誤の組合せとして正しいものを，下の①〜④のうちから一つ選べ。

X　グラフ①は白黒テレビ，グラフ②はカラーテレビの普及率で，1964年に白黒テレビの普及率が90％にのびた背景には東京オリンピック開催がある。

Y　グラフ②のカラーテレビと同時期には自動車とクーラーも普及し，これらを合わせて三種の神器と称された。

①　X—正　Y—正　　　　②　X—正　Y—誤

③　X—誤　Y—正　　　　④　X—誤　Y—誤

問2 次のa〜dのうち，1960年代には普及率が50％を超えていた耐久消費財の組合せとして正しいものを，下の①〜④のうちから一つ選べ。

a　電気洗濯機　　　　b　乗用車　　　　c　ステレオ　　　　d　電気冷蔵庫

①　a・b　　　②　a・d　　　③　b・c　　　④　c・d

問3 資料Ⅱのグラフは，一次エネルギーの供給構成を比率であらわしたものである。（　A　）・（　B　）に入る語句の組合せとして正しいものを，下の①〜④のうちから一つ選べ。

a　風力　　　　b　火力　　　　c　石油　　　　d　原子力

①　A—a　B—c　　　　②　A—a　B—d

③　A—b　B—c　　　　④　A—c　B—d

問4 石炭への依存度が高かった時期の日本の製造業について述べた文として正しいものを，下の①〜④のうちから一つ選べ。

①　農民の出征による労働力不足や肥料不足で米の生産力が低下し，政府は農家に強制的に米を供出させた。

②　アメリカ軍による特需で，武器や弾薬の製造などを中心に活況を呈した。

③　産業公害の深刻化により，環境庁が発足した。

④　ハイテク産業が輸出の中心となり，生産をのばした。

問5 資料Ⅲのグラフについて，次の**説明文**を参考にし，日本はグラフのどれにあたるか，正しいものを①〜⑤のうちから一つ選べ。

〔説明文〕

　　第1次石油危機以降，世界経済が停滞する中で日本は5％前後の経済成長率を維持した。第2次石油危機後も安定成長の軌道に乗り，1980年代には開発途上国への政府開発援助の供与額も世界最大規模となり，1985年にはアメリカを超える成長率となった。

問6 1980年代後半の日本経済について述べた次の**説明文**の（甲）・（乙）に入る語句の組合せとして正しいものを，下の①～④のうちから一つ選べ。

〔説明文〕

　1985年のプラザ合意により（甲）し，輸出産業を中心に不況が深刻化したが，1987年半ばから内需に主導され，コンピュータと通信機器を利用した生産・流通・販売のネットワーク化が進み，コンビニエンスストアや量販店などが急成長した。また，レジャーや旅行関連産業，外食産業などの比重も増加し，経済のサービス化がいっそう進んだ。この内需拡大は，（乙）をともなって進行し，のちに「バブル経済」とよばれるようになった。

甲　　a　円高が一気に加速

　　　　b　円安が一気に加速

乙　　ア　地価や株価の暴騰

　　　　イ　地価や株価の下落

①　甲―a　乙―ア　　　②　甲―a　乙―イ

③　甲―b　乙―ア　　　④　甲―b　乙―イ

◆現代社会の世相や文化に関する次の資料について，後の問い（**問1〜6**）に答えよ。

〔資料〕

Ⅰ　『くにのあゆみ』

Ⅱ　農民解放記念のポスター

Ⅲ　女性議員

問1　**資料Ⅰ・Ⅱ**は戦後の世相や政府の施策を示したものである。**資料Ⅰ・Ⅱ**と関連する**説明文A〜D**の組合せとして適当なものを，下の①〜④のうちから一つ選べ。

〔説明文〕

A　考古学に基づいて記述された国定歴史教科書

B　皇国史観に基づいて記述された歴史教科書

C　食糧不足の中で復活したメーデーのポスター

D　寄生地主の解体を図るポスター

① Ⅰ—A　Ⅱ—C　　② Ⅰ—A　Ⅱ—D

③ Ⅰ—B　Ⅱ—C　　④ Ⅰ—B　Ⅱ—D

問2　資料Ⅰ～Ⅲはいずれも1946年の世相を示したものである。次に示すＸ・Ｙはこれと同じ時期の世相を述べたものであるが，その正誤の組合せとして正しいものを，下の①～④のうちから一つ選べ。

Ｘ　マス゠メディアによる情報伝達が日本人の生活様式を画一化し，国民に中流意識が広まった。

Ｙ　少子高齢化が急速に進行したことにより，家族や地域社会の機能の低下や労働人口の減少で社会保障制度にも深刻な影響が及んだ。

①　Ｘ―正　Ｙ―正　　　　②　Ｘ―正　Ｙ―誤

③　Ｘ―誤　Ｙ―正　　　　④　Ｘ―誤　Ｙ―誤

問3　Ａさんは，日本史の教科書を学習している時に，文化史に関する記述の中で国語の授業でも取り上げられたある文学作品に興味をもった。次の**説明文**の（　甲　）・（　乙　）に入る語句の組合せとして正しいものを，下の①～④のうちから一つ選べ。

〔説明文〕

　1950年に京都のある寺院が放火された事件は，この年に制定された（　甲　）に違反する最初の事件となった。この事件を題材にした作品は，（　乙　）の名作として知られている。

甲　a　教育基本法　　　b　文化財保護法

乙　ア　三島由紀夫　　　イ　川端康成

①　甲―a　乙―ア　　　　②　甲―a　乙―イ

③　甲―b　乙―ア　　　　④　甲―b　乙―イ

問4　次の二つのグラフは，農家数と各産業就業者の推移をあらわしたものである。このグラフから**読み取ることができない**内容を，下の①～④のうちから一つ選べ。

〔グラフ〕

専業・兼業農家数の推移

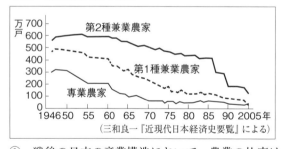

（三和良一『近現代日本経済史要覧』による）

就業構造の推移

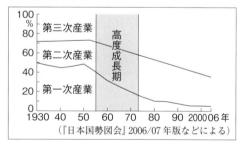

（『日本国勢図会』2006/07年版などによる）

①　戦後の日本の産業構造において，農業の比率は減少してきている。

②　1970年代以降，専業農家数はほぼ横ばいで推移している。

③　バブル景気にともない，専業農家数は急激に減少している。

④　高度経済成長期には，農村からの人口流出や都市の住宅問題が起こった。

問5　資料Ⅲに関連して，国民の参政権について述べた文a～dの中で誤っているものの組合せを，下の①～④のうちから一つ選べ。

a　1890年の第1回衆議院議員選挙では，選挙人の比率は全人口の約1.1%であった。

b　1925年に普通選挙法が制定され，25歳以上の男女に選挙権が認められた。

c　1946年の衆議院議員選挙では，レッドパージにより日本共産党の立候補者は認められなかった。

d　GHQによる五大改革指令では，女性参政権を認めることが示された。

①　a・c　　　②　a・d　　　③　b・c　　　④　b・d

問6　次の写真は，入居が開始された当初のニュータウンのようすを写したものである。この当時の世相について述べた文として誤っているものを，下の①～④のうちから一つ選べ。

①　都市に人口が集中し，住居の郊外化が進んだ。

②　2DKの公団住宅に暮らす世帯では，夫婦と未婚の子女で構成される核家族が多かった。

③　大量消費生活が普及し，各世帯が所有する耐久消費財が増え生活水準が向上した。

④　土地や株式が不良資産となり，企業の事業整理や金融ひっ迫が生じた。

通時的テーマ問題

文化財レスキュー 1949 年の法隆寺金堂壁画が火災で焼損したことを機に，翌年，文化財保護法が制定された。火災だけでなく，地震や台風などの自然災害は，文化財を損壊するおそれがある。文化財レスキュー活動は，こうした被害から文化財を救出する大切な取り組みである。写真は，地震で被災した熊本城の復興作業。

出題傾向と解法の手引き

　第 6 章は，五つのテーマを設定して全時代を通観する小問で構成しています。下記のように想定されるテーマは多数ありますが，基礎知識をもとに史資料や図版を読み解き，重要な情報を取り出し，論理的に考察する力が求められます。また，時系列で史実を正確に理解しているか，因果関係を正確に把握できているか，なども重要なポイントです。教師による講義形式の授業にとらわれない，討論や発表，調べ学習，文化祭での発表など，いわゆるアクティブ・ラーニングの場面を設定したものが多くみられます。その形式に惑わされることなく，あくまでも基本的な知識に基づき問われたことの本質を見抜く力を養っていきましょう。

テーマの例
〈政治・経済・産業分野〉
参政権・オリンピックと政治・人権・境界・交通の発達・意思決定・食料自給と食品ロス・インフラ整備・裁判訴訟・都市の発達・自治の展開・労働と雇用・エネルギー問題・防災と減災・産業や貿易・経済成長
〈社会・文化・対外関係分野〉
文化財保護・環境問題・ジェンダーや共生社会・人口問題・家族のあり方・景観の移り変わり・身体とスポーツの歴史・修学旅行・自然破壊・国際協力・アニメ・旅とレジャー・識字率と教育・伝統文化と現代文化・思想・祭り・博覧会や博物館・世界遺産・気候温暖化・国際紛争

文字と情報の歴史

◆次の会話は，ホームルームで放課後に担任の先生と2人の生徒が話した内容である。これを読み，後の問い（**問1～6**）に答えよ。

先生　：現代はデジタルの時代といわれて久しいけど，パソコンやスマートフォンを使って文字を入力することが日常的になってきたね。

生徒A：そうですね。私たちも日頃，勉強の時以外では，鉛筆やペンといった筆記用具を使って(a)文字を書くという機会が少なくなってきていると思います。

先生　：しかし，(b)文字で記録するという行為自体は，決してなくなるものではありません。

生徒B：私もそう思います。今と昔を比べて，どのような道具を使って記録するか，ということに注目してその変化の意味を考えるということが大事だと思います。

先生　：そうですね。そこで2人に提案ですが，今度の文化祭で(c)文字による記録の歴史をたどって発表するのも，案外，面白いかもしれません。ちなみに，(d)江戸時代には庶民の間にも文字が普及し識字率も向上したので，多くの人がさまざまな記録を残しています。

生徒A：おもしろそうですね。記録といえば，学校にもいろいろな記録があると思いますが，どのようなものがありますか。

先生　：例えば，みなさんに身近なものとして，学校では昔から学級日誌があります。今でも日直にあたっている生徒が毎日その日の出来事を記録していますね。(e)古い日誌をみると，とても懐かしいこと，楽しい思い出も多いです。

生徒B：そういえば，今日は私が日直なので，これから日誌を書こうと思っていたところです。

先生　：では，しっかりと頼みますよ。

生徒B：今日はどんな一日だったか，後で楽しみに読んでくださいね。

先生　：わかりました。現代は(f)高度情報化の社会で，世の中はさまざまな情報があふれているといっていいと思います。だから，みなさんはそうした情報を整理する能力，正確な情報を取り出す能力が要求され，そのためにも記録をするということは非常に大切なことですね。

問1　下線部(a)に関連して，古代日本には，文筆によってヤマト政権に仕えた渡来人がいる。これについて述べた文X・Yの正誤の組合せとして正しいものを，下の①～④のうちから一つ選べ。

　X　史部として組織された渡来人は，漢字を用いてヤマト政権の記録や外交文書の作成などにあたった。

　Y　渡来人の指導のもとで史部に組織された地方豪族は，ヤマト政権の記録や外交文書の作成などのほか，個人の日記も書き，それは現代にも伝えられている。

①　X—正　Y—正　　　②　X—正　Y—誤

③　X—誤　Y—正　　　④　X—誤　Y—誤

問2 下線部⑥に関連して，神代から推古天皇の時代までの天皇家の系譜や記事を読み語った人物を**X**，それを文字で記録した人物を**Y**，その著書を**Z**としたとき，組合せとして正しいものを，下の①～④のうちから一つ選べ。

① X—稗田阿礼　Y—太安万侶　Z—古事記

② X—太安万侶　Y—稗田阿礼　Z—日本書紀

③ X—太安万侶　Y—稗田阿礼　Z—古事記

④ X—稗田阿礼　Y—山上憶良　Z—懐風藻

問3 下線部⑥に関連して，中世には，貴族や武士，僧侶などさまざまな人々が日記や手紙を書き，その中には現在まで伝来しているものもある。次の**A・B**について，そこに記されていると推測できる内容の組合せとして正しいものを，下の①～④のうちから一つ選べ。

A 鎌倉幕府が世の中の出来事などを記録した日記

B 来日したキリスト教宣教師が書いた手紙

ア 御家人よ，幕府のために立ち上がれ。

イ 天下人による北野大茶会が開催された。

ウ 堺という町はイタリアのベニスのような自治都市だ。

エ キリスト教は天皇や将軍に喜んで受け入れられた。

① A—ア　B—ウ　　　② A—ア　B—エ

③ A—イ　B—ウ　　　④ A—イ　B—エ

問4 下線部⑥に関連して，江戸時代の農村で記録された文書として誤っているものを，下の①～④のうちからから一つ選べ。

① 一年ごとに村の経費をまとめた文書

② 村の名主が百姓らに年貢を割り当てた文書

③ 幕府が行った村人の裁判の判例などをまとめた文書

④ 村内の寺院が檀家となっている百姓をとりまとめて書き記した文書

問5 下線部⑥に関連して，2022年はこの学校の創立50周年である。学校に残っている生徒が書いた創立時からの古い日誌からわかる事象として誤っているものを，下の①～④のうちから一つ選べ。

① バブル景気でこの地域の地価が暴騰し，高級マンションが多く建築された。

② 石油危機があり，トイレットペーパーなどが不足した。

③ この学校から太平洋戦争中に勤労動員された生徒がいた。

④ 社会科の授業では，生徒が地域の歴史について調べ，発表会が開かれていた。

問6 下線部⑥に関し，2人は文化祭で発表する内容として，次のことを考えた。文章の（ ア ）に入る適当な語句を，下の①〜④のうちから一つ選べ。

> 現代は，情報通信技術が飛躍的に発達し，情報のネットワークが（ ア ）をこえて企業活動もボーダーレス化し，日本国内での外国人労働者の数も著しく増大している。

① 性別　　② 都道府県　　③ 時間　　④ 国境

27　人や国の境界をめぐる諸問題

◆日本史の授業では，グループを作り「人や国の境界をめぐる問題」について主題学習を行うことになった。
Aさん，Bさん，Cさん3人のグループは，放課後に担当の先生のところに行き，研究の進め方について
相談した。次の会話は，その時に交わされたやりとりの一部である。これを読み，後の問い（**問1～6**）に
答えよ。

3人　　：先生，私たちは，主題学習のテーマになった「境界」について，どのような角度から考えていけば
　　　　　よいか，悩んでいます。相談にのっていただけますか。

先生　　：もちろんです。「境界」という言葉をあまり難しく考えない方が課題に取り組みやすいですよ。他
　　　　　者と自己の間にはいろいろな「境界」がありますので，配慮なく乗り越えて相手を傷つけてしまわ
　　　　　ないように気をつけなければなりません。みなさんは，「境界」というとどのようなものが思いつ
　　　　　きますか。

Aさん：「境界」といえば，まずは国境だと思います。

Bさん：私もそう思います。ⓐ現在でも国境問題は大きな政治問題で，紛争の原因になっています。

先生　　：確かに私も国境の問題は重要だと思います。では，海に囲まれた日本が諸外国との国境をいつ頃
　　　　　から意識し始めたのでしょう。

Cさん：私は（　イ　）時代だと思います。なぜなら2度のモンゴル襲来があったからです。

Aさん：私は日本人が国境を意識し始めたのは，江戸時代だと思います。

Bさん：私は（　ロ　）時代かな。近隣のアジア諸国との条約によって国境が画定したと考えられるので，そ
　　　　　れが大きな理由です。

先生　　：そうですね。答えは決して一つではないので，こうした問いにどう向き合って考えるか，それが
　　　　　大事です。歴史的に国境のことを考える場合，ⓑ過去に作成された地図をみるといいでしょう。
　　　　　地図にはそれが作成された時代の実情や実態，あるいはその当時の人々の意識などが投影されて
　　　　　いると考えられます。

Cさん：国境がとても重要なのはわかりますが，私は国の境界だけでなく，人と人との間にも境界がある
　　　　　と思うので，プライバシーの問題を掘り下げて考えてみたいです。

先生　　：なかなか意欲的でいいですね。

Aさん：日本と外国という境界もありますが，中世の日本ではⓒ戦国時代に大名同士が領国の境界をはさ
　　　　　んで対立し，戦いが起こっています。私はこの時代の公権力と民衆の問題を考えてみたいです。

Bさん：それなら，ⓓ私は，シーボルトが江戸時代に外国に持ち出してはいけないとされていた日本地図
　　　　　をオランダに持ち帰ったことについて調べてみようと思います。

先生　　：一人で考えているのと違い，みんなと協同して考えるといろいろな考えが浮かんできますね。そ
　　　　　れでは，みなさんがそれぞれ主体的に学んだ成果をレポートで確認できることを楽しみにしてい
　　　　　ますね。

問1 下線部③に関連して，次の**史料**の**法律名**とそれに関連する**写真**の組み合わせとして正しいものを，下の①〜④のうちから一つ選べ。

〔史料〕

　第一条　この法律は，国際連合平和維持活動及び人道的な国際救援活動に対し適切かつ迅速な協力を行うため，国際平和協力業務実施計画及び国際平和協力業務実施要領の策定手続，国際平和協力隊の設置等について定めることにより，国際平和協力業務の実施体制を整備するとともに，これらの活動に対する物資協力のための措置等を講じ，もって我が国が国際連合を中心とした国際平和のための努力に積極的に寄与することを目的とする。

〔法律名〕

　Ⅰ　破壊活動防止法　　　Ⅱ　PKO協力法

〔写真〕

ア　カンボジアで道路工事にたずさわる自衛隊員

イ　アメリカで対日非難する全米自動車労働組合員

①　Ⅰ—ア　　　②　Ⅰ—イ　　　③　Ⅱ—ア　　　④　Ⅱ—イ

問2 （ イ ）・（ ロ ）に入る語句の組合せとして適当なものを，下の①〜④のうちから一つ選べ。

①　イ—鎌倉　ロ—江戸　　　②　イ—室町　ロ—江戸

③　イ—鎌倉　ロ—明治　　　④　イ—平安　ロ—明治

問3 下線部⑤に関連して，過去に作成された地図ア〜ウについて，古いものから正しく配列したものを，下の①〜⑥のうちから一つ選べ。

　ア　山城国を起点に七道が記載された地図

　イ　沖縄を除き蝦夷地から九州までを実測調査した結果をもとに作成された地図

　ウ　陸軍が軍事上の必要から測量して作成した地図

①　ア→イ→ウ　　　②　ア→ウ→イ　　　③　イ→ア→ウ

④　イ→ウ→ア　　　⑤　ウ→ア→イ　　　⑥　ウ→イ→ア

問4 下線部ⓒに関連して，次の絵画資料の説明文の（ X ）～（ Z ）に入る語句の組合せとして正しいものを，下の①～④のうちから一つ選べ。

『長篠合戦図屛風』

〔説明文〕

　　この場面は，織田信長と（ X ）の連合軍が（ Y ）軍と対戦しているようすを描いたものである。場面の右手には機動力を生かした（ Y ）の軍勢，左手には組織化された集団で戦いを優位にした（ Z ）が一斉攻撃しているようすが描かれている。

① 　X―武田勝頼　Y―徳川家康　Z―足軽隊

② 　X―徳川家康　Y―武田勝頼　Z―足軽隊

③ 　X―武田勝頼　Y―徳川家康　Z―騎馬隊

④ 　X―徳川家康　Y―武田勝頼　Z―騎馬隊

問5 下線部ⓓに関連して，Bさんは，シーボルトが地図を持ち帰った要因としてア～エを考えた。この中で要因として**成り立たないと思われるもの**の組合せを，下の①～④のうちから一つ選べ。

ア　アジアや日本への関心が高く，どうしても欲しかったから。

イ　貿易の必要上から，オランダ・清と日本との間に合意があったから。

ウ　長崎に入港していたオランダ船の帰途に便乗できたから。

エ　幕府との親交を深めていたので，特別に認められたから。

①　ア・ウ　　　②　ア・エ　　　③　イ・ウ　　　④　イ・エ

問6 先生は生徒たちが調べ学習を進める際にⅠ・Ⅱのアドバイスをしている。Ⅰ・Ⅱは誰にアドバイスしたものと考えられるか，その組合せとして正しいものを，下の①～④のうちから一つ選べ。

Ⅰ　人々はみな平等で，個人の権利を侵害してはなりません。

Ⅱ　共同でルールを作り，それを破った者は独自に制裁を受けます。

①　Ⅰ―Aさん　Ⅱ―Bさん　　　②　Ⅰ―Bさん　Ⅱ―Aさん

③　Ⅰ―Cさん　Ⅱ―Bさん　　　④　Ⅰ―Cさん　Ⅱ―Aさん

◆あるクラスでは，文化祭に向けてA・B・Cの三つのグループに分かれ，政治的中心地についての発表の準備をした。Aグループは古代の宮都，Bグループは鎌倉，Cグループは中世の京都について担当することになった。これに関し，後の問い（**問1～6**）に答えよ。

問1 Aグループは，古代の宮都の構造を比較検討した。下の三つの図を時代順に正しく配列したものを，下の①～④のうちから一つ選べ。

＊図中の京域にある縦横の直線は大路を示している。

I

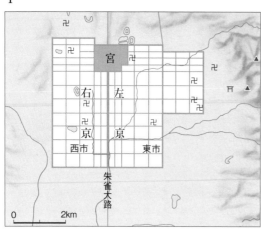

II

III

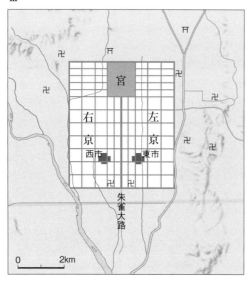

① I → II → III　　② II → I → III　　③ II → III → I　　④ III → II → I

問2 Aグループは，検討した三つの宮都について甲・乙二つの共通点を指摘しようと考えた。その正誤の組合せとして，正しいものを下の①～④のうちから一つ選べ。

　　甲　「天子南面」の考えに基づいて，京域の中心に宮がおかれていた。

　　乙　複数の天皇の都となり，京域には官人が居住地を設けた。

　　①　甲―正　乙―正　　　　②　甲―正　乙―誤

　　③　甲―誤　乙―正　　　　④　甲―誤　乙―誤

問3 鎌倉を担当したBグループは，休日に現地を見学し，撮影した2枚の写真でその特色を紹介した。写真とその**紹介文**の組合せとして正しいものを，下の①～④のうちから一つ選べ。

〔写真〕

甲　切通

乙　和賀江島

〔紹介文〕

　　ア　丘稜部を開削し，鎌倉内外の人や物質の通交に利用された。

　　イ　関所を設けて自由な通交を禁じ，関銭が課された。

　　ウ　遠浅の海岸でも入港できるような，海底を深くした港湾施設として築造された。

　　エ　沿岸航路の目印となるように，海岸に一定間隔で設けられた。

　　①　甲―ア　乙―ウ　　　　②　甲―ア　乙―エ

　　③　甲―イ　乙―ウ　　　　④　甲―イ　乙―エ

問4 Bグループは，さらに鎌倉幕府と鎌倉仏教の関係についても調べたが，その結果としてふさわしくないものを，下の①～④のうちから一つ選べ。

　　①　北条時宗に帰依された南宋の僧侶は，幕府のモンゴル襲来への対応に影響を与えた。

　　②　他宗を攻撃した日蓮は，幕府によって佐渡に流罪となった。

　　③　坐禅と公案は政治を批判する傾向にあり，上級武士からは支持されなかった。

　　④　臨済宗を開いた栄西は，茶の効用を記した書物を源実朝に献上した。

問5 Cグループは，16世紀後半に製作されたと推定される下の屏風に描かれた京都の場面を用い，当時の京都の人々や社会の特色をまとめている。これまで調べてきた内容として，この屏風から**読み取ることができない**内容を，下の①〜④のうちから一つ選べ。

『洛中洛外図屏風』

① 町衆によって復興した祇園祭が，盛大に開催されていた。

② この町の住居には防火対策が講じられていた。

③ 下剋上の風潮が高まってきていた。

④ 商品経済が浸透し，店舗での販売が行われていた。

問6 Cグループは，『洛外洛中図屏風』が製作された時期の政治や文化を次のようにまとめた。このまとめの特色をもつ，この時期の文化に該当する建築・庭園・美術工芸品として示した**a〜d**の正しい組合せを，下の①〜④のうちから一つ選べ。

〔Cグループのまとめ〕

・仏教色が薄れ，新鮮で豪華・壮大な文化であった。

・新興の大名や豪商が文化の担い手となった。

a　二条城二の丸御殿大広間

b　『燕子花図屏風』

c　龍安寺石庭（枯山水）

d　姫路城

① a・c　　② a・d　　③ b・c　　④ b・d

29 | 史資料と文化財を保護する意義

◆日本史の授業では，担当の先生が常に「歴史は史料に基づいて語られる」と話し，「あらゆる文化財は歴史を語る史料となる可能性がある」ことが伝えられた。そして，AさんとBさんのクラスでは，夏休みの課題として「身近なところにある文化財」を調査してレポートすることになった。これに関し，後の問い（**問1~6**）に答えよ。

問1 1888年に帝国大学に修史事業が移管され，現在も『大日本史料』や『大日本古文書』といった史料の編纂が東京大学で続けられている。このような事業の先駆として律令国家が編纂した「六国史」について述べた文X・Yの正誤の組合せとして正しいものを，下の①~④のうちから一つ選べ。

X 「六国史」の最初である『古事記』は，稗田阿礼がよんだ内容を太安万侶が筆録した。

Y 『日本書紀』は漢文編年体の歴史書で，舎人親王らによって編纂された。

① X─正 Y─正 ② X─正 Y─誤

③ X─誤 Y─正 ④ X─誤 Y─誤

問2 1949年の火災による法隆寺金堂壁画の焼損は，社会に大きな衝撃を与えた。法隆寺に関連する**写真**とその出来事を由来とする**法律**との正しい組合せを，下の①~④のうちから一つ選べ。

〔写真〕

I

II

〔法律〕

ア 古社寺保存法 イ 文化財保護法

ウ 世界遺産条約 エ 環境アセスメント法

① 写真I─法律ア ② 写真I─法律ウ

③ 写真II─法律イ ④ 写真II─法律エ

問3　Aさんは家族で外出した先で，文化財の近くに次のような言葉が記された掲示板を発見し，興味をもった。そこで，過去に文化財が損壊された事例を調べたところ，明治時代初期に全国規模で起こった風潮があったことを知った。そのことについて述べた文として正しいものを，下の①〜④のうちから一つ選べ。

〔掲示板に記されていたこと〕

> 落書きをしないで下さい
> 文化財を守りましょう
> 　　　　　○○市教育委員会

① 脱亜入欧思想の影響を受け，仏教的なものがおろそかにされた。

② 征韓論の影響を受け，朝鮮半島から伝来した文物が否定された。

③ 神国思想の影響を受け，欧米から伝来した文物が否定された。

④ 神仏分離令や神道国教化の影響を受け，仏教的なものがおろそかにされた。

問4　Aさんはレポートの一環として，産業革命を理解するために世界遺産に登録されている富岡製糸場を見学した。富岡製糸場を描いた次の錦絵から**読み取ることができない**内容を，下の①〜④のうちから一つ選べ。

① 機械を操作するため，技師が立ち合い指導にあたった。

② 近代的な洋式工場内では，男女が同一の労働条件で作業した。

③ 機械を利用した生産には，女性が働き手として大勢雇用された。

④ 機械を利用しての大量生産が可能となった。

問5 大正時代から昭和初期にかけて，市民生活が変化し大衆文化が開花した。Bさんは，近くの歴史博物館に見学に行き，その当時に使用されていたものを調べたが，その中で，現在では博物館などに文化財として収蔵されている可能性のあるものを，下の①〜④のうちから一つ選べ。

① ファミコン

② 墨塗り教科書

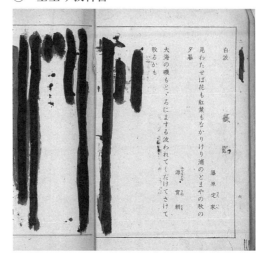

③ 和文タイプライター

④ 陶製アイロン

問6 Bさんは豊かになった市民生活とは反対に，1930年代から1940年代にはさまざまな制約を受けた市民生活に関する文化財や史資料に関心をもった。次のⅠ・Ⅱ・Ⅲを年代順に正しく配列したものを，下の①～④のうちから一つ選べ。

Ⅰ

Ⅱ

Ⅲ

① Ⅰ→Ⅱ→Ⅲ   ② Ⅱ→Ⅰ→Ⅲ

③ Ⅰ→Ⅲ→Ⅱ   ④ Ⅲ→Ⅱ→Ⅰ

30 開発と環境保全

◆日本史の授業では，学年末の振り返りとしてこれまでの学習をふまえ，教科書の記述内容から開発の進展と停滞に関連すると思われる事項を抜き出し，多面的に考察を加えるという課題が与えられた。AさんとBさんは協力して，開発が進む流れと開発が停滞する流れという視点から，次のように分類整理した。これに関し，後の問い（**問1～6**）に答えよ。

〔Aさんが考えた開発が進展する流れ・事項〕

時　　期	開発進展の流れ・事項
原始・古代	ア．鉄製工具の普及　　イ．墾田永年私財法
中　　世	ウ．二毛作・三毛作の普及　　（い）
近　　世	エ．結　　オ．金肥
近代・現代	カ．寄生地主　　キ．農地改革

〔Bさんが考えた開発が停滞する流れ・事項〕

時　　期	開発停滞の流れ・事項
原始・古代	a．浮浪・逃亡　　b．藤原元命
中　　世	c．刈田狼藉
近　　世	d．定免法　　e．旧里帰農令　　（ろ）
近代・現代	f．徴兵令　　g．足尾鉱毒事件

問1　次のX・Yの説明は，Aさんが示した事項のどれにあてはまるか，その組合せとして正しいものを，下の①～④のうちから一つ選べ。

X　小作地が減少し，農民の土地所有が拡大した。

Y　効率を図るため，短時間で共同作業を行った。

①　X―ア　Y―エ　　　　②　X―キ　Y―エ

③　X―キ　Y―ウ　　　　④　X―ア　Y―ウ

問2　次のZ・Wの説明は，Bさんが示した事項のどれにあてはまるか，その組合せとして正しいものを，下の①～④のうちから一つ選べ。

Z　国司が私欲から百姓を苦しめ，労働力を低下させた。

W　生活の場を失う者も現れ，民衆と国との間で争った。

①　Z―a　W―g　　　　②　Z―a　W―e

③　Z―b　W―e　　　　④　Z―b　W―g

問3 中世に開発が進展したようすを伝えた次の史料(現代語訳)から読み取れる内容X・Yの正誤の組合せとして正しいものを，下の①～④のうちから一つ選べ。

> 阿麻沙只村に宿泊し日本を詠う。
>
> 日本の農家は，秋に水田を耕して大麦と大小麦をまき，翌年の初夏にはそれを収穫した後に稲の苗を植え，秋の始めには稲を刈ってそばをまいている。冬の初めにそばを刈りとった後，大麦と小麦をまく。こうして1年に3回も同じ土地で異なる栽培を行うのである。近くに流れる川の流れをせきとめ田に水を引き込めばたちまち水田となり，堰を切り水を流し出すとたちまち陸田になる。
>
> (『老松堂日本行録』)

X　この地域では秋にコメ，夏にはムギ，冬にはソバが入手できた。

Y　この地域では灌漑施設が整備されていなかった。

① X―正　Y―正　　　② X―正　Y―誤

③ X―誤　Y―正　　　④ X―誤　Y―誤

問4 開発促進の際，鉄製工具が果たした役割は大きい。5世紀頃の日本列島における鉄素材の出土地を示した地図からAさんは次のように考えた。(甲)・(乙)に入る語句の組合せとして正しいものを，下の①～④のうちから一つ選べ。

〔地図〕

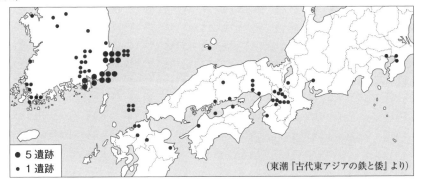

● 5遺跡
・ 1遺跡

(東潮『古代東アジアの鉄と倭』より)

〔Aさんの考え〕

> 福岡県や佐賀県で(甲)の水田跡が発見されたことから，稲作は九州北部から日本列島に広がっていったものと考えることができる。九州北部では早くから水田開発に用いる木製農具を製作するために鉄製工具が使用され，それ以来，鉄は日本列島の開発に不可欠な素材となった。だが，この地図によると，5世紀の九州北部にみられる鉄素材の出土地はわずかである。
>
> いっぽう，(乙)には多くの出土地が存在しており，この事実からは，この段階で(乙)にあった政治権力が鉄資源の供給地と盛んに交流し，供給の安定した鉄資源を介し，それを日本列島内で再分配することによって地域的な統合を進め王権を確立しようとしていたことが推測できる。

① 甲―縄文晩期　乙―近畿地方　　② 甲―縄文晩期　乙―朝鮮半島

③ 甲―弥生前期　乙―近畿地方　　④ 甲―弥生前期　乙―朝鮮半島

問5 表にある（ い ）・（ ろ ）に入る語句の組合せとして正しいものを，下の①〜④のうちから一つ選べ。

   a　農書の普及　　　　b　刈敷の活用　　　　c　村方騒動の頻発　　　　d　株仲間の積極的公認

   ①　い―a　ろ―c　　　　②　い―a　ろ―d

   ③　い―b　ろ―c　　　　④　い―b　ろ―d

問6　Λさんは日本の歴史を振り返り，開発と環境破壊は表裏一体の関係にあり，過剰な開発には注意が必要だと痛感した。さらにAさんは近世と現代の注意が必要な**事象**として次のⅠ・Ⅱを考えた。その**理由**として適当なものの組合せを，下の①〜④のうちから一つ選べ。

〔事象〕

   Ⅰ　近世の新田開発による自然や地形の変化

   Ⅱ　現代の高度経済成長や，列島改造ブームによる交通網の充実

〔理由〕

   a　野山が減ると，肥料や燃料として必要な草木が入手しにくくなるから。

   b　耕地が拡大すると，経済的に豊かになった農民が都市へ移住し，農村の荒廃が進むから。

   c　地方への移住者が急増し，地方の過密化が進むから。

   d　自動車が普及し，その排気ガスで大気汚染や地球の温暖化が進むから。

   ①　Ⅰ―a　Ⅱ―c　　　　②　Ⅰ―a　Ⅱ―d

   ③　Ⅰ―b　Ⅱ―c　　　　④　Ⅰ―b　Ⅱ―d

写真所蔵・提供者一覧（敬称略）

表紙デザイン　水戸部　功

大学入学共通テスト対応の基礎
30日完成日本史問題集

2022年11月20日　第1版第1刷　印刷
2022年11月25日　第1版第1刷　発行

著　者　　會田康範
発行者　　野澤武史
印刷所　　明和印刷株式会社
製本所　　有限会社　穴口製本所

発行所　　株式会社　山川出版社
〒101-0047　東京都千代田区内神田1丁目13番13号
電話　03(3293)8131(営業)　03(3293)8135(編集)
https://www.yamakawa.co.jp/　振替00120-9-43993

大学入学共通テスト対応の基礎

30日完成日本史問題集

解答と解法の手引き

山 川 出 版 社

1 原始・古代の遺跡と遺物　　p.4〜7

問1　③

住居や死者の埋葬法などから縄文時代の人々の中には，共同し力を合わせて集団生活する上での統率者は存在しても，身分の上下関係や貧富の差はなかったと考えられている。選択肢①・②は思考力による解法が要求される。④は分布図から判断可能だろう。

問2　④

Xは土偶（長野県棚畑遺跡出土），Bは抜歯された頭がい骨（愛知県伊川津貝塚出土）の写真である。土偶，抜歯とも縄文時代の呪術的な風習としてその精神生活を物語る具体的な事例である。

問3　①

②・③・④は誤り。後漢の光武帝から冊封されたことを示す「漢委奴国王」と刻まれた金印は，奴国王に贈られたもので，江戸時代に福岡県志賀島で発見された。③は漢への朝貢形式であり，同盟関係とはいえない。また，献上した相手は安帝である。④の環濠は，弥生時代に集落間や小国間の争いから集落を防御するために構築されたものである。

問4　②

Yには四本足の動物と弓矢をもつ人間が描かれており，ここから狩猟を推測することは可能だが，荒れ地であることや牛馬耕のようすであると読み取ることは困難であろう。したがって乙は誤りとなる。なお，Xは桜ヶ丘5号銅鐸（兵庫県），Yは伝香川県出土銅鐸にみえる絵画である。

問5　①

Aには「天下」か「中国」，Bには「仕えてきた」か「抵抗してきた」か，ともに二者択一の選択肢の組合せとなる。Cさんが読み取った内容を史料の文面に照らし合わせていけば手がかりがえられる。史料中には「天下を左治」や「奉事し」の文言があり，ここから推測して正解を導き出せるだろう。

問6　②

この鉄剣は5世紀のものなので，それと同時代の遺物を判断できればよい。②の短甲は5世紀に作られたマロ塚古墳（熊本県）出土のもの。①は遮光器土偶（宮城県恵比須田遺跡出土）で縄文時代のもの。③は甕棺墓（福岡県金隈遺跡），④は銅鐸（伝香川県出土）で，ともに弥生時代のものである。

2 律令制と貴族政治の展開　　p.8〜11

問1　②

史料Ⅰは「改新の詔」である。其の一では，天皇の私有民である子代，私有地である屯倉を否定していることから，甲はAとわかる。また其の四では，「田の調」や「戸別の調」として税負担に関する内容が記されていることから，乙がDと導き出せるだろう。選択肢Bについては，其の二にある「京師」や「国司」，「郡司」，あるいは「山河を定めよ」の文言から地方や行政区画の内容であると推測でき，Cにある「食封」は大夫以上に「賜う」ことが記されているので，人々に課せられる負担ではないと判断しよう。

問2　③

律令制度では班田収授法により人々に口分田が班給されたが，人口の増加により班給する口分田が不足した。そのため，723年には三世一身法，743年には墾田永年私財法が定められ，開墾が奨励されたことを想起しよう。また，偽籍は，税の負担を軽くするため性別や年齢を偽って戸籍に登録することである。

問3　①

甲の文章からは長岡京，乙の文章からは聖武天皇が造営した恭仁京が想定できる。

問4　④

桓武天皇から善政のあり方を相談された藤原緒嗣と菅野真道の論争で，藤原緒嗣は民衆の負担となっていた平安京の造営と蝦夷征討を中止することを説き，天皇はその意見を受け入れた（徳政相論という）。

問5　⑥

出典の『小右記』は，藤原道長と同時代の藤原実資が記した日記で11世紀のものである。Aは12世紀の平治の乱，Bは藤原頼通のことなので該当しないため，Cが正解となる。図版アは平治の乱を描いたもの，ウは藤原道長の子の頼通が建てた平等院鳳凰堂で，イの経筒は藤原道長が極楽往生を願い，吉野の金峯山に埋納したものである。

問6　③

史料Ⅰは646年，史料Ⅱは794年，史料Ⅲは1018年である。したがって史料Ⅱと史料Ⅲの間は，8世紀末から11世紀初頭となる。選択肢①は741年に聖武天皇が発した国分寺建立の詔，②は8世紀中頃の奈良時代に称徳天皇のもとで政治権力を握った道鏡，④は保元の乱（1156年）の原因の一つであった藤原摂関家内での家督相続争いなので，情報Aとなるのは，

988年に尾張国司藤原元命が郡司や百姓らに苛政を訴えられた③が正しい。

3 古代の土地開発 p.12〜14

問1 ①

絵画資料の読み取りは出題頻度も高いが，知識がなくとも丹念に資料を読み解くことで正解を導くことが可能である。資料Ⅰの桛田荘絵図は，多くの教科書や図録等でも掲載されており，よく知られているだろう。絵図には，隣接する荘園との境界を示す牓示が黒点で表現されている。また，細部に目を配れば山麓や道路沿いに住居が描かれていることもわかるので，甲・乙とも正しい。

問2 ④

この時期になると，律令制による土地制度は崩れ，荘園村落は寄進地系荘園として荘園領主の支配下にある荘官が管理した。桛田荘は，9世紀初めに開発され，12世紀末には神護寺に寄進されている。

問3 ②

乙に関しては，律令制における民衆への負担のうち，租は口分田などの収穫から3％程度の稲を納めるもので，地方の正倉で貯蔵された。

問4 ③

甲の文章では，「同心円状」の部分と東山道が誤りである。官道（駅路）である七道は都を起点に放射状に各地へ延びていた。乙の伝路は各郡家間などを結ぶ地方の道で，国司や郡司によって管理された。

問5 ④

①・③は図から読み取ることは不可能であり，②については，本図に条里制による区画が明確に記されていることがわかるので誤りとなる。④は図中の百姓家が荘域の外にあることから，開発は周辺農民が力をあわせて実施していると推測できる。

問6 ①

奈良時代における仏教の基本的な性格が，鎮護国家の担い手としての役割である。このことを理解していれば，甲はXとなる。743年の墾田永年私財法が出され，有力者や大寺院などが地域の開発に着手した際，地域の実情に詳しい郡司ら地方官の協力を仰ぎ，地域の農民を労働力に編成することによって開発を進めることができた。これにより乙はaとなる。東大寺は積極的に北陸地方に進出し，初期荘園といわれる道守荘や糞置荘が開発された。

4 古代の対外関係 p.15〜17

問1 ④

雄略天皇（ワカタケル大王に比定）は5世紀の人物で，南朝の宋に朝貢して倭王として冊封された。

問2 ④

アの壬申の乱は672年に起きた天智天皇没後の皇位継承争いで，これに勝利した大海人皇子は天武天皇となった。Aに入る語は白村江の戦いで，その説明文としては，この戦いに敗れた日本が唐・新羅の来襲に備え防衛を強化したことを示すaが正しい。

問3 ②

古くから東アジアでは，日本・新羅・渤海の3国が相互に使節を派遣し合っていた。しかし，7世紀になると，日本と新羅の間は緊張し，8世紀になると遣新羅使の派遣は少なくなった。一方，渤海から日本への渤海使派遣は33回にもおよび，獣皮や昆布，干魚，人参などが日本にもたらされた。また，遣渤海使は13回派遣されており，渤海の東京城からは和同開珎が出土しているが，両国間に宗主国と従属国の関係はない。したがって，Yは誤りとなる。

問4 ①

Bに入る人物は，菅原道真である。道真は宇多天皇のもとで891年に蔵人頭，899年には醍醐天皇のもとで右大臣に就任したが，901年の昌泰の変により左大臣藤原時平の讒言で大宰府に権帥として左遷された。したがって，②は流罪先が佐渡となっている部分が誤りである。③は遣唐使派遣の停止を進言した理由が誤り。道真は唐の衰退と渡航の危険を理由とした。④は祇園社でなく，天満宮である。

問5 ②

これは刀伊の入寇とよばれる対外危機で，沿海州の女真族が博多湾に侵入してきた事件である。女真族は朝鮮では刀伊とよばれた。

問6 ②

894年の菅原道真による遣唐使派遣中止の建議より，日本国内では文化の国風化が進んだ。図版はイが該当する。ア・ウは天平文化に該当する。

5 古代の仏教 p.18〜20

問1 ①

物部氏は排仏派であり，仏教受容派の蘇我氏に敗れたのち，滅亡した。飛鳥寺は蘇我馬子が建立した。

問2 ④

①は中国南朝（梁）様式の影響があり，やわらかな

表情である。②は天平彫刻の傑作で，邪悪なものを打破しようとする力感に溢れ，けわしい憤怒の表情である。③は弘仁・貞観文化の一木造の彫刻で，鋭い衣文の表現（翻波式衣文）が特徴である。

問3　①

甲・乙とも正しい文で，空海の事績を述べている。カードⅡの施設は綜芸種智院をさしている。

問4　②

カードⅢは，奈良時代の聖武天皇の時期にみられた鎮護国家の思想についての文章である。僧侶は行基であり，民間への布教は弾圧をうけたが，その後，大仏造営に協力するなどの功績により，大僧正に任じられた。

問5　②

藤原道長・頼通が摂関政治を進めた時期は，一方で末法思想の影響をうけ，阿弥陀仏を信仰し極楽往生を願う浄土教が流行した。末法思想は，釈迦入滅後，正法1000年，像法1000年の後，末法の世に入るとする思想である。日本では1052（永承7）年が「末法元年」と信じられていた。

問6　③

カードⅠは飛鳥時代，カードⅡは9世紀前半に活躍した空海，カードⅢは8世紀中頃の鎮護国家思想，カードⅣは平安時代中期以降のことである。追加するカードAの内容は，仏教政治から断絶し政治の刷新を図ろうとして平城京からの遷都を企図した背景を述べたものである。したがってカードAは，カードⅢとカードⅡの間に追加される。

6　中世における武家権力の展開　　　p.22〜24

問1　④

「天子南面」という思想に基づき，内裏から南に向かって伸びる朱雀大路を中心に挟んで，京域が右京・左京に区分される。方角としては西が右京，東が左京となり，左京では南北に流れる鴨川をさらに東に越えた洛東に，白河殿などが建設された。

問2　②

下線部ⓐは洛東の六波羅に邸宅を構えた平清盛のことである。当時，平氏政権の地盤である西国は養和の飢饉によって深刻な被害を受けた。Yに記されている一向一揆は，室町時代の出来事なので誤りである。

問3　①

平清盛の娘徳子は，高倉天皇の中宮となり，その子安徳天皇を生んだ。

問4　④

カードBは1183年に後白河法皇から源頼朝に対して与えられた寿永二年十月宣旨の内容，カードDは1232年に制定された武家法典である。この二つのカードの年代から，A・Cそれぞれの年代を考えることになる。説明文は，アは1285年，イは1180年，ウは1297年，エは1189年である。

問5　③

905年に醍醐天皇の命により編まれた『古今和歌集』以降，8つの勅撰和歌集が続き，これを八代集という。『新古今和歌集』は八代集の最後にあたり，1205年に後鳥羽上皇の命により藤原定家らが撰集した。後鳥羽上皇は，歌人としても優れ，勅撰和歌集を撰集するための役所として1201年に御所内に和歌所を設けている。また，編者であった藤原定家の家は，のち二条・京極・冷泉の3家に分立し，和歌の家を形成した。

問6　④

下地中分は，荘園領主が地頭の荘園侵略に対し，荘園内の田畑や山野などの収益権を分け与え相互に折半して支配権を認め合うもの。したがってX・Yとも誤りである。

7　中世の民衆社会　　　p.25〜27

問1　②

下肥とは人糞尿を肥料として使用したもので，刈

敷・草木灰，牛馬の厩肥とともにこの時期から普及し，地味の向上や収穫の安定化が進んだ。

問2 ②

甲は史料の「衆儀に依って定むる」とある部分に注目し，百姓が集まって話し合いによりさまざまなことを定めていたようすを推測しよう。乙は惣掟についての基本的な知識をもとに，惣村が領主権力から自立していたことを根拠にすればよい。

問3 ④

中世は近世と比べれば身分の固定，いわゆる兵農分離は進んでいなかったが，農民が守護と主従関係も結ぶことは一般的に考えられない。

問4 ③

Ⅰの場面は多くの教科書や図録などでも取り上げられている『一遍上人絵伝』「備前国福岡市」の一場面で，左の男性が銭を支払い，右の女性から布を購入しているようすが描かれている。したがって甲は誤りとなる。また，乙の正誤判断は，Ⅱが当時の物流を担っていた馬借のようなので，ここから思考する能力が求められる。すなわち，物や人が移動することで，情報も伝達されることが推測できるだろう。

問5 ②

史料を読解し，正確な情報を導き出すことができるかどうかが問われている。史料Ⅰの文中に「管領これを成敗す」とあるが，ここからは権力者側の一揆に対する認識が読み取れるだろう。また，実際にこの時，幕府は徳政令を発していないので，ⅠのYは不適切である。史料Ⅱもじっくり読み，文意を把握することが肝要である。「国中を払はる」や「鶴童ハ国中へ打ち入ると雖も，持ち得ず」の相手は何をさしているのか，読み解こう。

問6 ①

出典の『峰相記』の著者は不明だが，1348（貞和4）年に播磨国峯相山鶏足寺に参詣した作者が老僧と問答した話を記したもので，当時の社会状況を知ることができる史料である。ここでは「異類異形」とされた悪党の様相が具体的に示されている。烏帽子や袴を着用せず，高下駄をはいた様相などを探し，①～④の中から選択する設問である。なお，①は『融通念仏縁起絵巻』に描かれた異類異形，②は『一遍上人絵伝』「備前国福岡市」，③は『蒙古襲来絵詞』，④は『年中行事絵巻』法住寺御所（後白河法皇の御所）南庭の儀式のようすを描いたものである。

8 中世の商業と経済　　　　　　p.28～30

問1 ③

越前の城下町といえば，戦国大名朝倉氏の一乗谷である。説明文は，Aは鎌倉，Bは草戸千軒町，Dは坂本が該当する。

問2 ②

馬借は馬の背に荷物を載せて運搬した輸送業者で，水陸交通の要衝を拠点に活躍した。なお，図版①は踊念仏（『一遍上人絵伝』），②は馬借（『石山寺縁起絵巻』模本），③は悪党（『真如堂縁起』），④は連雀商人（『石山寺縁起絵巻』模本）である。

問3 ②

倭寇が活発化するのは，前期倭寇が鎌倉末から南北朝の動乱期，後期倭寇は16世紀半ば以降である。公権力が不安定な時期にこのような活動が生じる時代背景を理解しておきたい。したがって，Yは時期的にも異なるので誤りである。

問4 ②

堺は15世紀後半から勘合貿易や南蛮貿易で繁栄した港町である。平和で自由な都市で，町政は36人の会合衆により自治的に運営された。史料は『耶蘇会士日本通信』にみえるガスパル＝ヴィレラの書簡の現代語訳である。

問5 ④

瓦版は19世紀の天保期以降，町で読み売られた1枚摺の印刷物で，災害や世相，敵討，珍談などが掲載され大量に出版された。

問6 ③

Xは近世に江戸で呉服店を営んだ越後屋の内容で，誤りである。

9 中世の対外関係　　　　　　p.31～32

問1 ③

Xの倭寇は時期が異なるので誤りである。前期倭寇は鎌倉時代末期から南北朝期に活発化し，後期倭寇は16世紀半ばである。

問2 ②

本朝十二銭は，古代に律令国家が鋳造した12種類の貨幣である。最初が和同開珎で，最後は10世紀半ばに村上天皇が発行した乾元大宝。

問3 ①

8代執権の北条時宗の時に二度にわたるモンゴル襲来をうけた。元はその後，王室の内紛や漢民族による紅巾の乱などで滅び，朱元璋が新たに明を建て

太祖洪武帝となった。

問4　③

　この国書は「蒙古牒状」と呼ばれるもので，元が日本に朝貢を求めたもの。したがって，日本から積極的にフビライとの修好を求めた内容ではない。

問5　③

　カード2にある防塁は，1274年の文永の役後に九州に所領をもつ御家人に課役して築造された。カード1に適するそれ以前の内容は，文章イの異国警固番役で1271年から課せられた。カード3に適するカード2以降の内容としては，1293年に設置された鎮西探題について記した文章ウが該当する。エは文永の役の際の状況を記したもの。したがって，③が正解となる。なお，アはカード2以降の内容である。

問6　④

　イの禅僧は，漢籍などに精通し，室町幕府の政治や外交の顧問として活躍した。エは，勘合貿易の担い手であった細川氏と堺の商人，大内氏と博多の商人が結びつき，その対立は寧波の乱となった。

10 中世文化の担い手　　　　　p.33〜35

問1　①

　田楽は，平安中期以降に庶民のみならず貴族社会にも流行した神社の祭礼芸能である。猿楽とともに発展し，室町期には能（能楽）へとさらに発展した。観阿弥・世阿弥は将軍の同朋衆となり，観世座を開いた。

問2　④

　カード1にはアもしくはイ，カード3にはウもしくはエが入る構造の問いである。カード2は11世紀に末法思想の影響を受けて流行した浄土教に関するもの。アの専修念仏は鎌倉仏教で登場した浄土宗の開祖法然が説いたもので，それ以前の内容にはあてはまらない。また，ウはカード2以前からみられるもの。エは，鎌倉仏教に共通する特色を述べたもので，念仏・題目・禅といった中から選び救われるとするものである。

問3　④

　『蒙古襲来絵詞』は，肥後国の御家人竹崎季長が身内との所領争いに敗れたことから，文永の役と弘安の役で戦功をあげ，地頭職をうけた経緯を描いたものである。当時の社会のようすや元軍との戦法の違いなど，絵画を通じて具体的に読み取ることができる資料である。④はこの絵巻の内容と直接的な関係はない。

問4　②

　茶の湯は武士にとっても教養や慰みとして受容され，隆盛したので②が誤りとなる。

問5　②

　室町時代の書院造では，接客用の広間（座敷）があり，各部屋を襖（襖障子）で間仕切りした。大正から昭和初期の中産階級により都市の郊外に建てられた文化住宅は，和洋折衷住宅で，玄関脇の洋風応接間と中廊下をもつことが特徴である。中廊下によってプライバシーが保たれたが，居間（主座敷）と茶の間は襖をはさんで隣接した。

問6　②

　甲―bの評定衆は，は，鎌倉幕府の3代執権北条泰時が1225年に重要政務や裁判の評議・裁定を合議するために設けた役職で，北条氏一族や有力御家人らで構成されたものである。乙―cの清水寺は京都に所在する寺院で，大和国ではない。

第3章　時代別問題〈近世〉

11 近世の武家政権と社会　　　　p.38〜40

問1　①

条文は元和令(1615年発布)，寛永令(1635年発布)，天和令(1683年発布)から。三つめの条文は寛永令で，「万事江戸ノ法度ノ如ク，国々所々ニ於テ之ヲ遵行スベキ事」とある「江戸ノ法度」とは幕府法令のことである。ここでは，あらゆることを幕府法令に準じて各国において法令を守るべきと指示している。

問2　④

参勤交代を制度化したのは，3代将軍徳川家光である。また，大名の妻子は江戸の藩邸で生活し，大名が国元と江戸を一年交代で往復した。したがって，X・Yともに誤りである。

問3　③

朱子学者新井白石は，6代将軍徳川家宣，7代将軍家継の治世に正徳の政治とよばれる文治政治を主導した。幕政の刷新や儀礼の整備につとめ，儀式や官位などとともに服制も定めたのである。

問4　②

耕地面積の拡大は，江戸時代の前半に著しく，享保期以降には大幅な伸びはなくなった。

問5　②

Xは，享保の改革での農政にあたるので正しい。江戸時代には10種類の小判が鋳造されたが，慶長小判を基準にすると正徳小判・享保小判以外は金含有率が低く抑えられている。1837年に鋳造された天保小判の場合，金含有率は56.77％であった。Yの説明文では，明暦の大火(1657年)が時期的にふさわしくない。

問6　③

①・②は民衆に対する政策ではない。また，④の上げ米は享保の改革における政策で，幕府の財政難に対処するために大名に米の上納を求めたものである。正解の③にある医療機関とは小石川療養所のこと。

12 近世の対外関係　　　　p.41〜43

問1　③

図版Aは，ルソン国への渡航を許可した秀忠の朱印状で，元和6(1620)年の年号が記されている。以後，日本から海外への渡航に関しては，1631年から奉書船制度が始まり，1635年には海外への渡航と帰

国は全面的に禁止された。すなわち，ここで1620〜31年より後の出来事を判別することが求められている。正解の③は，正徳の政治において新井白石が献策した内容である。「大君」の語は朝鮮では国王の世子をさすものだとし，「日本国王」と表記を改めさせ，将軍の権威強化を図ったものである。選択肢の①は1609年，②は1616年，④は1613年に相当する。

問2　②

図版Aは1620年，Bは寛文期(1661〜72年)にあたる。出島は幕府が豪商に命じて築造させたもので，1641年に平戸のオランダ商館を出島に移した。Cは1841年に武蔵国徳丸ヶ原で行われた日本初の洋式砲術の公開演習の図。Dは1792年で，ラクスマンはこの時，大黒屋光太夫らの漂流民を送還するとともに日本との通商を求めた。

問3　③

③は根室に来航したロシア使節ラクスマンらを描いたものだが，当時，ロシアからの通商要求に対し幕府は信牌を与え，処罰していない。

問4　①

通商関係をもったオランダからは，オランダ風説書により海外情報を得ていた。享保の改革において1720年に徳川吉宗はキリスト教関係以外の漢訳洋書輸入制限を緩和したので，西洋の自然科学が国内に紹介されるようになった。一方，長崎貿易は1655年には糸割符制度が廃止され相対(自由)貿易となり，その後，長崎貿易での金銀流出防止を目的に市法貨物仕法，定高貿易法，長崎会所設立による幕府直轄化と展開した。鉱山業では，近世初期には各地の鉱山開発が進められ産出量も豊富であったが，17世紀後半になると金・銀の産出量が急減した。

問5　③

図版Cは1841年のこと。Xに関しては時期的に異なる。林子平が江戸の海防強化を主張した『海国兵談』は1791年に刊行されたが，人心を惑わすものとして幕府から罰せられた。

問6　②

幕末の貿易開始後は輸出超過傾向が続いた。そのため，日本から物資が海外へ輸出され物価上昇となった。中でも輸出品の中心となったのは生糸であった。1866年に改税約書が調印され輸入関税が引き下げられると，輸入超過に転じた。

13 幕藩権力と民衆　　　　p.44〜45

問1　③

Xについて,「禁中並公家諸法度」では,紫衣の寺の住持に関する許可規定を定めている。1627年の後水尾天皇による大徳寺や妙心寺に対する紫衣勅許は,幕府に届け出なかったと問題にされた。あくまでも紫衣勅許は朝廷の権限で幕府の権限ではないため,Xは誤りである。

問2 ②

名主を補佐するのは組頭で,百姓代は村民の代表として名主や組頭が行う年貢や諸役の割り当てなどに立ち会う。

問3 ④

検見法では,収穫の豊凶の影響をうけたので,幕藩領主の財政は不安定なものになりがちであった。一方,定免法では過去3〜10年ほどの年貢高を基準に一定期間,年貢率は固定されているので,豊凶の影響をうけることはなかった。また,検見法では,毎年,収穫時に代官が回村して年貢率が決定されるため,それに伴う不正が生じることもあった。享保の改革では,徳川吉宗は幕領には定免法を取り入れた。

問4 ①

①は「武家諸法度」元和令に示されている内容である。

問5 ①

A・Dは寛政の改革,B・Cは天保の改革の際に弾圧をうけた人物である。XはA・Bのどちらかを選ぶことになっているため,Aが該当し,YはC・Dのどちらかを選ぶためCとなる。なお,問題文には,作家を選ぶという限定がかかっている。選択肢に設定されていないが,Dは出版元として寛政の改革で処罰された人物で,X−Dという組合せが設けられていると惑わされることも考えられるので,注意を要する。

問6 ②

朝鮮人参の国産化を積極的に進めたのは,8代将軍徳川吉宗である。したがって,甲はそれ以前,乙はそれ以後の内容を選択することになる。選択肢のアは1604年に開始された糸割符制度,エは1860年の「五品江戸廻送令」なので,②が正解となる。ちなみに,イは田沼時代のことなので乙の候補になるが組合せとして設定がなく,ウも同様に正徳の政治の際の「海舶互市新例」の内容なので甲の候補となるが,その組合せはない。共通テストでは,歴史を時系列で理解しているかを確認するような問題が出題されることが予想され,このような問題に対応できるよ

うに事前に慣れておくことが肝要といえる。

14 近世の宗教・思想・文化 p.46〜48

問1 ⑥

カードに記された説明文と図版を結び付け,それを時系列にそって配列する問いである。カードⅠは南蛮寺でウが,カードⅡは近世後期から幕末にかけて民衆の間で人気を博した信仰に関する事象でアが,カードⅢは元禄時代に発せられた「生類憐みの令」の背景にあった仏教的な思想に関するものでイが結び付けられる。これらを時系列に把握できればよい。

問2 ④

X・Yともに誤りである。江戸幕府は民衆統治のために仏教寺院を利用したが,寺院が村法を定めたり,年貢納入や犯罪防止のために監視するような職権は持ち得なかった。また,修験道や陰陽道は禁圧の対象ではない。修験道は,天台系の聖護院門跡,真言系の醍醐寺三宝院門跡が本山となり,末端の修験者を支配した。陰陽道は,公家の土御門家が全国の陰陽師を配下とし,統制下においた。近世の村や都市の周縁では,修験者や陰陽師といった宗教者をはじめ医者や儒者,芸能者など小さな身分集団が数多く存在していた。

問3 ①

この設問では,問題文に単語として明示されていないが,朱子学派に関する知識が求められている。そのため,藤原惺窩の系譜にあること,幕藩体制の教学を支えるものであったことから朱子学派が想起されなければならない。甲群のY,乙のbはともに陽明学に関する内容である。ちなみに,乙群のaにある人物とは新井白石,bの人物は熊沢蕃山である。だが,bは内容的に誤りもある。すなわち,花畠教場は,熊沢蕃山が1641年頃に設立した最古の私塾で,藩校ではない。

問4 ①

Ⅰの貝原益軒は筑前黒田藩士の儒学者で,1709年に本草書『大和本草』を著し,日本の本草学の基礎を築いた。早期教育の重要性を説いた啓蒙的な学問書『和俗童子訓』,哲学・道徳・教育などを儒学者の視点で述べた『慎思録』の著書などでも知られる。Ⅱの青木昆陽は儒学者であり幕府書物方として仕え,享保の改革では徳川吉宗の命で蘭学を学んだ。『蕃薯(藷)考』を著し,救荒作物として甘藷の栽培を勧めた。なお,甘藷はサツマイモ,甘蔗はサトウキビのことである。

カードⅠは化政期，カードⅡは元禄期，カードⅢは寛永期の文化的傾向を示す説明である。図版アは，元禄期に琳派を起こした京都の呉服商尾形光琳の代表作。イは，化政文化を代表する葛飾北斎の浮世絵版画である。各地に名所が生まれ，庶民が旅することも多くなり，錦絵の風景画が人気を博した。ウは有田の陶工酒井田柿右衛門の作品。朝鮮出兵の際，諸大名が日本に連れ帰った朝鮮人陶工により登窯や絵付の技法が伝えられ，九州や中国地方を中心に陶磁器生産が発達した。

問6　③

長崎郊外に鳴滝塾を開設したのは，シーボルトである。ケンペルは，17世紀末に来日し，長崎出島のオランダ商館につとめたドイツ人医師である。

15 江戸時代の時期区分　　　　p.49〜51

問1　①

江戸初期の武断政治により，幕府から処分される諸大名も多く，牢人の発生は大きな問題となっていた。1651年にはそのような幕政に不満をもつ牢人らとともに由井正雪が反乱を起こしたため，4代将軍となった徳川家綱は政治の基調を文治主義に基づくことに転換し，その傾向が5代将軍徳川綱吉の治世でも継続された。

問2　①

A・B・Cはすべて徳川綱吉の治世に関する内容であるが，Cは仏教や儒教の理念，神道の思想とは直接的な関係性はない。

問3　③

『町人嚢』は1719年に西川如見が町人の生き方を記した教訓書で，ここでは貨幣経済の発達により町人の社会的地位が上昇したことなどを述べている。したがって，甲は誤りとなる。

問4　④

下線部ⓒは寛政の改革に関することで，④は享保の改革において徳川吉宗が実施した内容である。

問5　③

条文の三つめが家督相続に関する内容で，養子による相続は当主が存命中に届け出ることを命じたものである。そのため，③がこの趣旨とは異なる内容である。

問6　①

幕藩体制は百姓から徴収する年貢を財源としていた。しかし，次第に貨幣経済や商品経済が発達する

と，18世紀の享保の改革の際に株仲間の結成が公認され，さらに田沼時代には積極的に株仲間を公認し，そこから納められる運上や冥加が財源として期待されるようになった。このことを社会の変化とそれに柔軟に対応した事例として想起したい。したがって，Xに対応するのはAとなる。Bは「自主的に」という部分が該当しない。また，YはC・Dのどちらかになるが，Dにある遠国奉行とは地方の重要直轄地におかれた奉行の総称であり，誤りとなる。

第4章　時代別問題〈近代〉

16 文明開化と日本の近代化　　　　p.54〜56

問1　③

　この文章は福沢諭吉の『学問のすゝめ』の一節である。史料を丹念に読み取り，内容を把握する力が求められる設問で，国家間に貧富や強弱は存在するが，富強な国家が貧弱な国家に無理な圧力を加えることを否定している。

問2　③

　啓蒙思想家として福沢の著作には，『文明論之概略』や『西洋事情』などがある。そこで述べられている近代化とは，文明化であり西洋化であるとして，明治期の日本の大国化に大きな影響を与えた。

問3　③

　絵画資料を用いた設問では，絵画の細部を丹念に読み解き，さらに付記されている文字情報や注記などがあれば，そこにも配慮する必要がある。正解を導くヒントとなる情報が含まれている場合もあるからである。ここには，洋装・ガス灯・人力車・鉄道馬車・ざんぎり頭の男性などが描かれているが，駕籠はみられない。人力車は1870年に営業が始まり，日本橋・新橋間には1882年に鉄道馬車が開業した。輸送や移動手段としての駕籠の役割はこの時代には薄れていったので，この場面には描かれていない。

問4　②

　説明文bは愛国公党，cは立志社に関する内容である。

問5　④

　明治初期に，日本は近代国家として隣国との国交を樹立していった。1871年の日清修好条規は，日清間で最初に結ばれた条約で，両国が対等に領事の駐在や領事裁判権を認め合った。1875年の樺太・千島交換条約では，日露和親条約で両国の雑居地とされていた樺太をロシア領，千島列島を日本領として，日露の国境を明確にした。1876年の日朝修好条規は，その前年の江華島事件をうけて結ばれたものである。これにより朝鮮は独立国として承認されたが，朝鮮は日本に対し領事裁判権や無関税特権を認めるなど，不平等条約であった。

問6　③

　国際連合は1945年6月に採択された国際連合憲章に基づき，第二次世界大戦後の同年10月に発足した。その主要機関である安全保障理事会は，国連平和維

持軍や加盟国の自衛権行使以外の戦争を禁じている。

17 立憲国家の成立　　　　p.57〜58

問1　①

　岩倉使節団は，江戸幕府が欧米と結んだ条約が日本にとって不利な不平等条約であったので，その改正の予備交渉などを目的に，1871年12月より1973年9月までアメリカ，ヨーロッパ各国に派遣された。全権大使岩倉具視，副使は大久保利通・伊藤博文・木戸孝允・山口尚芳らであった。この間，国内政治をあずかった留守政府の西郷隆盛や板垣退助らは，琉球王国の帰属問題を解決するため1872年に琉球藩を設置し政府直属とした。なお，②の沖縄県設置は1879年，③の台湾出兵は1874年，④の小笠原諸島の領有宣言は1876年で，該当しない。

問2　②

　甲は1873年で正しい。乙の日清修好条規が調印されたのは，1871年のこと。征韓論争（1873年）後ということなので，時期的に不適切である。

問3　③

　史料甲は保安条例で1887年，乙は集会条例で1880年である。

問4　①

　大日本帝国憲法は，天皇が定め国民に与えるという欽定憲法であり，天皇主権で統治者として天皇にはさまざまな権限があり，それを天皇大権という。一方，国民は臣民と規定され，その権利は現代の日本国憲法と比べ，制約も大きかった。

問5　③

　当時の選挙は制限選挙で，選挙人は満25歳以上の男性で直接国税15円以上納入者に限られていた。これは全人口の1％強で，中農以上の農民か都市の上層民だけが参政権をもっていた。図版はフランス人画家ビゴーが描いた風刺画。

問6　①

　第一議会から日清戦争前の第六議会までを初期議会といい，予算案をめぐり，政府は超然主義の立場をとり，議会は吏党と民党が激しく対立する構図であった。

18 日清戦争と日露戦争　　　　p.59〜61

問1　①

　この図版は，1894年8月8日の『時事新報』に掲載されたもの。福沢諭吉は日清戦争を「文明」の観点で捉え，「文野の戦争」と表現した。文野とは，文明と

野蛮のこと。史料は1885年の『脱亜論』である。

問2 ④

『脱亜論』の文中のキーワードは「文明」である。文中では，日本国民の精神は西洋の文明に移っているが，日本にとって不幸なのは近隣にまだ文明化が進んでいない中国と朝鮮があると述べている。

問3 ②

乙にある三国干渉では，遼東半島の返還が要求された。したがって，台湾，澎湖諸島が誤りである。

問4 ②

Xは1885年に調印された天津条約の内容である。また，Yは1882年　Zは1905年の事象なので，②が正解となる。

問5 ①

統監であった伊藤博文は，安重根によって殺害された。また，1910年に韓国併合が実現し，その統治機関として朝鮮総督府が設置され，初代総督には寺内正毅が就任した。

問6 ②

説明文に1908年とあるので，時期は確定できる。①の「ああ増税」は，日露戦争の戦費をねん出するための増税の負担を風刺したもので，『東京パック』に掲載された。③は1903年10月13日に『中央新聞』に掲載されたもの。「火中の栗」とは，ロシア兵が焼いている栗を韓国にたとえ，大きなイギリス人に背中を押されそれを日本兵が取りに行こうとしているようすを描いている。日露戦争直前の情勢を示すものである。④は大政翼賛会の文字があることからそれが結成された1940年以降と推定できる。正解の②は，『東京パック』に掲載されたもの。亀の甲羅には「統監政治」と記され，亀に見立てた伊藤博文が韓国皇太子を抱え，尻尾の蛇は韓国国民に嚙みついている。この前年の1907年に，日本が第3次日韓協約で韓国の内政権を接収したことを風刺画で表現したものである。

19 第一次世界大戦前後の社会と経済　　p.62〜64

問1 ③

史資料を丹念に読み解き，必要な情報を取り出すことが求められる。史料Ⅰは，1914年に外相加藤高明が第一次世界大戦に参戦する意図を述べたもの。史料Ⅱは同年11月15日に石橋湛山が『東洋経済新報』に掲載した社説である。

問2 ①

①は大戦景気で出現した成金を風刺した漫画であ

る。男性の下にいる女性は「暗くてお靴がわからないわ」といい，男性の右手には火のついた紙幣，その横に「どうだ明くなったろう」と記されている。②は明治中期の川上音二郎の新派劇を描いた錦絵で，川上はオッペケペー節で藩閥政府を批判した。③は1927年に日本初である東京の上野・浅草間に開業した地下鉄のポスター。④は1940年に結成された大政翼賛会のポスター。戦時下において国民に節約生活を呼びかけたもの。

問3 ②

ドイツは日清戦争後の中国分割で山東省の租借権を得た。第一次世界大戦が始まると，日本は中国におけるドイツの根拠地山東省の青島を占領した。そして，大戦後のヴェルサイユ条約では，旧ドイツ領の委任統治権を獲得した。

問4 ②

国内の物価は高騰したので，乙は誤り。

問5 ④

米騒動は大戦景気にともなう物価高騰で庶民の生活が圧迫されたことが起因となり，折からのシベリア出兵の決定で米の需要増大を見込んだ商人の投機的な買い占めがさらに米価の高騰に拍車をかけ，全国的な騒動となった。

問6 ③

吉野作造は民本主義をとなえ，大正デモクラシーを代表する政治思想家として，大きな役割を果たした。

20 近代の文化　　p.65〜67

問1 ③

資料Ⅰは，井上馨が極端な欧化政策で条約改正をめざした際，東京日比谷に建てられた鹿鳴館での舞踏会のようすである。1882年から1887年まで進められた井上外交では，外国人の内地雑居許可のほか，領事裁判権の撤廃のため外国人被告の裁判に半数以上の外国人判事を任用することや，関税自主権の一部回復などの改正案が提示された。1886年にノルマントン号事件が起こり，交渉は挫折した。

問2 ④

鹿鳴館はイギリス人コンドルの設計で1883年に完成した。欧化主義の象徴的な建築である。なお，①は大浦天主堂(長崎県)，②は富岡製糸場(群馬県)，③は明治初期の東京銀座のようす。

問3 ①

資料Ⅱは，神職の指示で仏像や仏具が焼かれてい

るようすが描かれている(『文明乃入口』より)。明治
初年，政府は天皇の神格化とそのための神仏分離や
神道国教化を図った。これにより生じた風潮が廃仏
毀釈である。各地で仏教に対しての激しい攻撃が起
こった。それ以前は，神社に付属して神宮寺がおか
れるなど神仏習合が広くみられた。

問4 ①

資料Ⅲの漫画が連載された期間は，満洲事変から
日中戦争，太平洋戦争と戦争が続いた時期である。
戦時体制の強化にともない，国民生活も統制されて
いった。②のトーキーは，無声映画に代わり画面と
音声が一体となったもので，1931年から始まった。

問5 ①

①の『麦と兵隊』は，日野葦平が中国大陸に出征中
の1938年に体験した徐州作戦を描いた作品。戦争記
録文学のベストセラーとなった。②『夜明け前』は維
新の動乱を描いた島崎藤村の小説で，1935年完結，
③『蟹工船』はプロレタリア文学で，小林多喜二が
1929年に発表。④は太平洋戦争中に藤田嗣治が描い
た戦争画である。

問6 ①

資料Ⅰは1880年代，資料Ⅱは明治初期，資料Ⅲは
日中戦争期である。資料Ⅹの全国水平社は被差別部
落民への差別解消のため，1922年に結成された。年
代順に配列すると，正解は①となる。

21 大国化する近現代の日本　　　　　p.70〜72

問1 ③

朝鮮戦争は，1950年6月に北朝鮮が朝鮮半島の武
力統一をめざして北緯38度線を越えて韓国に侵攻し
たことによって始まった。これに在日アメリカ軍が
国連軍として介入し，その軍事的空白を埋めるため
日本ではGHQの指令で警察予備隊が新設された。
自衛隊は1954年に発足しているので，Ⅹは誤りとな
る。

問2 ①

カード1は1950年，カード3は1954年なのでカー
ド2はその間の事象があてはまる。②のPKO協力
法は1992年に成立，③の日米防衛協力のための指針
は1978年に福田赳夫内閣の時に閣議決定された。④
はアメリカの対日占領政策が1948年以降転換し，翌
年にロイヤル陸軍長官が演説して表明したもの。し
たがって，正解は①となる。保安庁は1952年に設置
され，それまでの海上警備隊は警備隊に，警察予備
隊は保安隊に改組された。

問3 ③

Ⅹが誤りであることは，史料を正確に読み取れれ
ばわかる。「若し……それ自身が有害である」の部分
に着目すればよい。

問4 ②

ⅩはAもしくはB，YはCもしくはDから正しい
組合せを判断する問題である。Aの国際連盟が発足
したのは1920年。DのODAの供与額は1990年代に
世界第1位となったが，バブル経済後の不況で減少
している。CのGNPがアメリカにつぎ世界第2位
になったのは，1968年である。

問5 ②

史料Ⅲは，石橋湛山の主張した小日本主義で，
1921年7月23日の『東洋経済新報』に掲載された社説
である。会議とはワシントン会議のことで，この会
議ではヴェルサイユ体制のもとでの軍縮と東アジア
や太平洋地域の問題が討議された。その際，九カ国
条約とととともに英米の仲介によって日中間の山東懸
案解決条約が結ばれ，山東半島の旧ドイツ権益は中
国に返還することが決定した。

問6 ①

史料Ⅰは，1903年6月30日の『万朝報』に掲載され
た内村鑑三の戦争廃止論，史料Ⅱは，1946年6月28

日の衆議院本会議で野坂参三議員の質問に対し吉田茂首相が答弁したもの。しかし，その後，アメリカの対日占領政策の転換により吉田首相も自衛権の存在を認めるようになった。史料Ⅲは，1921年の石橋湛山による小日本主義の主張である。したがって乙には1903年から1921年まで事象があてはまる。bの満洲事変は1931年に始まっており，乙には1918年に実施されたaのシベリア出兵があてはまるので，正解は①となる。

22 自校史から考える現代の日本　p.73～74

問1　①

アの第1次石油危機は1973年で，これにより原油価格が高騰し，狂乱物価とよばれる激しいインフレが発生した。イの第2次石油危機は，1978～79年，ウの湾岸戦争は1991年，エのプラザ合意は1985年である。

問2　②

Yにある「太平洋の要石」とは，朝鮮戦争が勃発した際(1950年)，沖縄が重要な位置にあったことを意味する。

問3　④

①は1972年の沖縄返還の際に唱えられた。②は1997年。③は1946年。

問4　①

①のファミコンは1985年に大人気となったゲーム機である。1980年代には②のSNSはない。③は太平洋戦争中に戦意高揚を子供の遊びにも取り入れるためにつくられたもの。④も1960年代から70年代初期がピークであった。

問5　①

男女雇用機会均等法は，1986年に施行された。②のモガ(モダンガール)は，昭和初期に流行したもの。③女性参政権は1945年の法改正により認められた。④の「三ちゃん」はじいちゃん・ばあちゃん・かあちゃんのことで，高度成長の中での第2種兼業農家の担い手をさす。

問6　③

太平洋戦争では，1945年8月6日に広島，8月9日には長崎に原爆が投下された。原爆ドームは旧広島県産業奨励館で，真上からの爆風でドーム型の屋根の鉄骨だけが残った。

23 国際社会の中の現代日本　p.75～77

問1　①

この条約により日本国内にはアメリカ軍が「極東の平和と安全」のために駐留を続けることになり，日本の防衛に「寄与」することとされたのである。

問2　②

カードの内容は，1951年に調印されたサンフランシスコ平和条約である。Ⅰはそれ以前になり，該当するものはアになる。Ⅱは1951年以降となる。ウの1ドル＝360円の単一為替レートは1949年，エの新興独立国が結集したのは1955年のアジア＝アフリカ会議(バンドン会議)で，アジアやアフリカ諸国が国連加盟国の過半数を占めるようになったのは1960年代である。したがってⅡはエとなるので，正解は②である。

問3　②

理由のbは2008年のリーマン＝ショック，cは1973年の第1次石油危機である。

問4　④

①は1953年，②の再生可能エネルギーが注目されるようになるのは，21世紀に入ってからのこと。③にある日本の自動車輸出拡大にともないアメリカの自動車産業が打撃を受けるようになるのは1980年代以降。

問5　④

Aは東京オリンピック，Bは大阪万博が入る。エの「太陽の塔」は大阪万博にあわせて作られたもの。アのナイターは1948年にはじめて行われた。ウは1970年に日本で最初に成功した人工衛星「おおすみ」を打上げた発射台で，国立科学博物館に展示されている。

問6　④

東海道新幹線は東京オリンピック開催にあわせ，1964年10月1日に東京・大阪間で開通した。最高時速210km，東京・大阪間を4時間で結んだ。①の東京・猪苗代間の送電は1915年，②の東名高速道路の開通は1968年，③東京の地下鉄は1927年に開通し，都営地下鉄としては1960年開業。

24 現代日本の経済　p.78～80

問1　②

Yの「三種の神器と称された」ものは，1950年代末からの高度経済成長初期に普及した白黒テレビ・電気洗濯機・電気冷蔵庫である。カラーテレビ・自動車・クーラーは「新三種の神器」として3Cと称され，1960年代末の高度経済成長後半期に普及した。

問2　②

近現代に関しては，このような統計を利用した問題が出題される可能性も高い。教科書や図録に示されているグラフ等は確認しておこう。1960年代には乗用車・ステレオの普及率は50％に達していない。

問3 ④

問2と同様に，教科書や図録で確認しておきたい。エネルギーの供給構成は，1960年代から70年代に中東からの安価な原油が供給されたことによって，石炭から石油へのエネルギー転換が進んだこと，しかし，その後の石油危機の影響を受け，石油の比率が低下し，天然ガスや原子力の比重が高まった。

問4 ②

石炭への依存度が高かった時期は，1950年代から60年代前半にかけてである。①〜④の説明文の中からこの時期に合致するものを答えればよい。①は第二次世界大戦中のこと。②の特需は1950年の朝鮮戦争を契機とする。③の環境庁の発足は1971年で，この時期には石油への依存率が最も高い。④のハイテク（ハイテクノロジー）産業としてコンピューターや半導体が輸出の中心になるのは1980年代である。

問5 ③

グラフから正確に情報を読み取れば，それほど難問ではない。説明文を理解しグラフと照らし合わせて正解を得ることが可能である。第1次石油危機は1973年，第2次石油危機は1979年の数値を確認しよう。③の日本以外のグラフが示しているのは，①がイギリス，②がアメリカ，④がドイツ，⑤がフランスである。

問6 ①

1985年のG5（アメリカ・日本・ドイツ・フランス・イギリスの5カ国蔵相・中央銀行総裁会議）によって，ニューヨークのプラザホテルでの会議で合意された内容なのでプラザ合意という。ここではドル高を是正し円高とする介入が行われたので，その結果，日本の輸出が不振となり円高不況が生じたのである。また，バブル経済では超低金利政策により巨額の資金が土地と株に投資されたため，地価と株価が異常なまでに高騰した。

25 現代社会の世相と文化　p.81〜83

問1 ②

資料ⅠはGHQが禁止した国史の教科書に代わり，1946年10月から使用された小学校用の国定歴史教科書で，神話の記述が除かれ，軍国主義の強いものから民主的かつ科学的立場で叙述された。資料Ⅱは農地改革の際のポスター。したがって説明文はDが該当する。

問2 ④

社会の中層に位置していると考える中流意識は，高度経済成長と消費革命により日本人の80〜90％が抱くようになった。同様にYの少子高齢化の問題も現代社会の課題であり，戦後間もない1946年の意識ではない。時期が異なるので，X・Yともに誤りとなる。

問3 ③

教育基本法は，1947年に制定された戦後教育の基本的なあり方を定めた法律で，教育の機会均等，義務教育などを規定したものであり，説明文には該当しない。文化財保護法は1949年の法隆寺金堂壁画焼損により翌1950年5月に制定され，同年7月に金閣寺が放火によって全焼した。この事件に取材して三島由紀夫が発表した小説が『金閣寺』である。共通テストでは，このような他教科・科目と関連する出題も想定される。

問4 ③

バブル景気は1986年から1991年にかけてであり，専業農家数の減少はそれ以前の高度経済成長期である1970年代以降，ほぼ横ばいと読み取ることができる。したがって，③はあてはまらない。

問5 ③

1925年の普通選挙法では，女性の選挙権は認められなかった。1946年の戦後初の衆議院選挙では，その前年に合法政党として活動を再開させた日本共産党も143名の立候補者を立てたが，当選者は5名，得票率は3.8％であった。

問6 ④

ニュータウンと称される大規模な団地は，1955年に日本住宅公団が発足してから日本各地で建設が進んだ。高度経済成長にともない都市部の勤労者は，郊外に建てられた公団住宅に家族で入居するものも多かった。写真は1965年に都市計画が決定し，1971年から入居が始まった東京の多摩ニュータウンである。

26 文字と情報の歴史　　　p.86〜88

問1　②

　Yの地方豪族が史部に組織され，個人の日記を書いたという部分が誤りである。この時代の地方豪族が，日記や記録を文字で残している事例がないことに気づけるとよい。漢字の使用は始まっていたが，漢字を用いて記録や文書の作成にあたったのは，史部とよばれる渡来人たちであった。

問2　①

　『古事記』について，基本的な知識を問う問題である。古事記は稗田阿礼が誦習したものを太安万侶が筆録し，712年に元明天皇に献上した。漢字の音訓を用いて日本語を文章化している。

問3　①

　Aの文章は『吾妻鏡』をさし，内容はイ・ウ・エの時代が異なっていることに気づけば，消去法でもA―アとなる。また，内容的にも幕府の記録が幕府や御家人に関して記録しているということから，何が正しいかは判断がつく。Bの文章はガスパル＝ヴィレラの書簡だが，その内容を学習していればウを選ぶことになる。キリスト教の宣教師とあるので，エを結び付けてしまうと，誤りである。

問4　③

　近世の村落で自治的に運営されていた村入用と村請の年貢納入は村役人の業務であったことに気づけば，①・②が正しいと判断できる。また，④は幕府や領主が百姓や町人を把握するために用いた宗門人別改帳であり，したがって消去法でも誤っているものは③となる。

問5　③

　問題文の「2022年にこの学校が創立50周年を迎える」ということから，50年前はどのような社会であったか推測する。日誌に書かれている内容は1970年代以前にさかのぼらないため，1940年代の戦時中の記録は該当しないと判断がつく。

問6　④

　現代社会では情報も人も行き交っていること，そのほか，ボーダーレスや日本国内での外国人労働者が増大しているという事実から，選択肢としては④の国境が最もふさわしいと判断できる。

27 人や国の境界をめぐる諸問題　　　p.89〜91

問1　③

　PKOは国連平和維持活動（Peace-Keeping Operation）のことで，日本は湾岸戦争を機にこれに関与し，1992年に制定されたPKO協力法によって自衛隊の海外派遣が可能になった。写真アは1992年のもので，その後，自衛隊は，1993年にはモザンビーク，1994年にはザイール（コンゴ民主共和国），1996年にゴラン高原，2002年に東ティモールなどに派遣されている。なお，Iの破壊活動防止法は，1952年に暴力主義的破壊活動を規制するために制定された法律で，写真イは経済大国化した日本との貿易摩擦によりアメリカでジャパン＝バッシングが起こり，日本製自動車をたたきこわして抗議しているようすである。

問2　③

　イは鎌倉時代のモンゴル襲来，ロは近隣諸国と条約を調印して国境が画定したという内容から，明治初期である。

問3　①

　アはキーワードとして山城国と七道があるので，古代であると理解できる。イは伊能忠敬による実測の結果，完成した地図のことなので江戸時代となり，ウは陸軍による測量とあるので，近代であると推測可能である。

問4　②

　長篠の戦いに関する基本的な知識を問う出題だが，Zは説明文と絵画資料を丹念に読み解けば，描かれているものが足軽隊であると推測可能だろう。

問5　④

　基本的な知識とともに時代背景から推測して文章の正誤は判断できるだろう。イ・エは史実として不適切である。

問6　④

　3人のテーマは，Aさんが中世の公権力と民衆の関係，Bさんは江戸時代に来日したシーボルトについて，Cさんは現代のプライバシーに関することを述べている。先生のアドバイスIは日本国憲法の理念，IIは中世の惣村における自治に関するコメントであることがわかれば，正解は導き出せる。

28 政治的中心地の移り変わり　　　p.92〜95

問1　②

　Iは平城京，IIは藤原京，IIIは平安京である。II

の藤原京は天武朝から造営が開始され，694年に持統天皇が遷都した。日本で最初の本格的な条坊制による都城で，710年に平城京に遷都するまで持統・文武・元明の三代にわたる宮都であった。Ⅱの宮が中央に位置していることに注目したい。藤原京に続き710年に元明天皇が平城京へ遷都し，784年まで宮都であった。Ⅰの平城京は，左京がさらに東に延び外京が設けられたことに注目しよう。その後，長岡京遷都を経て794年には桓武天皇が平安京に遷都した。

問2 ③

甲については，京域の中央に宮があったのは藤原京のみで，平城京・平安京は北端にあったため誤りとなる。乙は正しい。京域には官人の住居のほか，寺院なども設けられていた。

問3 ①

北・東・西の三方が丘陵で囲まれた鎌倉は，尾根を切り開いて道を通す切通が発達した。外敵に対しても侵入を防ぎやすかった。朝比奈切通(写真甲)や名越切通などがあり，朝比奈切通は外港である六浦津につながった。これに対し，和賀江島は，遠浅で船の入港が困難な鎌倉の海に設けられた人工の港湾施設で，1232年に執権北条泰時の許可を受けて勧進僧往阿弥陀仏が築造した。

問4 ③

①は無学祖元のこと。鎌倉五山第2位の円覚寺は北条時宗が創建し，無学祖元が開山となった。②の日蓮は他宗を攻撃し，北条時頼に『立正安国論』を提出して，他国からの侵略などを説いたことで伊豆・佐渡へ流罪となった。③は臨済宗のこと。坐禅と公案によって悟りに達する自力の仏教で，幕府の保護を受けて発展した。この③が誤り。④は1211年に栄西が書いた『喫茶養生記』のこと。

問5 ③

①は町々で趣向を凝らした祇園祭の山鉾巡行の場面，②は大通りに面して多くの見世棚や町家が並ぶようすが読み取れる。画面下の道の前には川が流れ，小橋がかかっている。④は画面左下に草鞋をつくり商う店が，右下にも見世棚が描かれている。③の下剋上は身分の上下が逆転する風潮のことで，具体的な場面としては図から読み取ることはできない。

問6 ②

『洛中洛外図屏風』は室町期から江戸時代にかけて製作されたが，時期は16世紀後半に限定されている。選択肢のbは元禄文化を代表する絵画で，光琳晩年

の作品。『伊勢物語』の三河八橋の描写を題材としている。また，cは室町時代の禅宗寺院の作庭様式の一つである枯山水で，幽玄や枯淡な表情が特色で，豪華・壮大とは異なる。

29 史資料と文化財を保護する意義　p.96～99

問1 ③

Xにある六国史の最初は720年に編さんされた『日本書紀』なので誤り，Yは正しい。

問2 ③

法隆寺金堂壁画は1949年に焼損し，これを契機に翌年，文化財保護法が制定された。まず，写真Ⅰは薬師寺東塔で，白鳳期の様式を伝え，裳階のある三重塔でのびやかな美しさが特徴。Ⅱは法隆寺の玉虫厨子で，飛鳥文化における代表的な工芸品であることが認識できているかがポイントである。その上で，ア～エの法律はいずれも文化財や環境の保護などを規定した法律だが，文化財保護法は占領期の1950年に公布された法律として教科書にも記載されている。

問3 ④

明治時代初期に全国規模で起こった風潮とは廃仏毀釈のことで，仏教寺院や仏像などが大量に破壊された。①の文章では後半部にそのことが記されているが，前半の脱亜入欧思想は時期的に異なる。②の征韓論は，岩倉使節団の派遣中に留守政府参議の西郷隆盛らが唱えたもので，設問の趣旨とは合わない。③は明治初期の文明開化により西洋化が進展するので誤りであることは簡単に判断可能であろう。

問4 ②

この場面では，横一列となって器械の前にすわって作業をしている工女に対し，その周辺に立ち姿で指示や監督するような和装・洋装の男性が描かれている。こうした場面からは，②の文章にある「男女同一の労働条件」を読み取ることは不可能である。

問5 ③

①は1980年代のゲーム機，②は戦後の教育民主化の中で戦前の軍国主義による教育内容を否定するため，該当部分に墨を塗って隠したもの。④は太平洋戦争中の金属回収令により家庭にある金属類が供出され，金属製アイロンの代用品として使われた。③は大正時代の和文タイプライター。このころ，タイピストなど仕事をもつ職業婦人があらわれた。

問6 ②

Ⅰのポスターには，左下に「大政翼賛会」の文字が記されている。ここに着目すれば，1940年に第二次

近衛文麿内閣のもとで一国一党の政治体制をめざして結成された大政翼賛会が，戦時下の国民生活を統制するために作成したポスターであることが判明できる。Ⅱは1935年に貴族院で軍人出身の菊池武夫が天皇機関説に対し反国体的学説として攻撃した際の記事（『東京日日新聞』1935年2月26日付）。Ⅲは，太平洋戦争の東京大空襲によって学校の校舎が焼失したため，屋外の明治神宮芝生広場で行っている戦後の授業風景。したがって，年代順はⅡ→Ⅰ→Ⅲとなる。

30 開発と環境保全　　　　　　　　p.100〜102

問1　②

Xは，太平洋戦争後のGHQによる寄生地主制を打破するために実施した農地改革に関するもの。1938年の段階において農地の小作地率は46.8％であったが，農地改革により1949年には13.0％となった。Yは農作業の効率化としてはアも想定可能だが，「共同作業」がポイントとなる。田植えや屋根葺きなど，一時的に多大な労力を要する際，親類や近隣が共同で労働にあたった。「もやい」も同様である。

問2　④

Zは，aもしくはbの二者択一であり，10世紀末の「尾張国郡司百姓等解」が想起できれば，bの藤原元命を結びつけることが可能であろう。Wは文中に具体的なヒントとなる固有名詞や歴史用語はないが，国と民衆が争うような事態が起こるのは近代以降の事象と判断しよう。文章の前半で「生活の場を失う」とあるので，aの浮浪・逃亡もWの候補と想定することもあろうが，組合せとして設定されておらず，文章の後半部は時代的に適さない。

問3　②

史料の出典は，1419年の応永の外寇の翌年にその外交処理のために来日した李氏朝鮮の文官宋希璟が記した紀行詩文集。畿内では農業生産が進展しており，摂津尼崎での三毛作のようすに注目している。Xは史料の前半部分に記され，Yに記される「灌漑施設」に関しては，後半部分にある「近くに流れる川の流れをせきとめ」以下によって整備されていたことがわかる。史料の読み取りが正確にできるかを問う設問で，史実を問う知識問題ではない。

問4　①

福岡県の板付遺跡，佐賀県の菜畑遺跡では，ともに縄文晩期の水田跡が発見されている。そのため水稲農耕は，それ以降，弥生時代にかけて日本列島に広がり，鉄製工具が用いられるようになった。そして，4世紀から5世紀にかけては，近畿地方に成立したヤマト政権が日本列島を統合していった。その際，朝鮮半島との交流を深め，独占的に入手した鉄資源を日本列島各地に分配した。

問5　③

bの刈敷は中世に利用されていた肥料で，cは近世村落内の村役人と小百姓との対立である。

問6　②

Ⅰはa・bから，Ⅱはc・dからの二者択一となる。近世の新田開発では，耕地化されていない土地が耕地化の対象とされた。そのため肥料や燃料になる草木の供給地として共同利用されてきた入会地の減少を招いた。森林が伐採されることで，大雨時に地中から大量の雨水が河川に流出すれば，木の根がフィルターの役割を果たさず，洪水被害を起こすことが考えられる。このようなことから，Ⅰはaを結び付けよう。一方，Ⅱからは都市と地方の間での人の移動が容易かつ活発となり，地方から都市へ移住し労働者となる者が増大したこと，高速道路を使った自動車での移動が広まったことの弊害が想定される。

表紙デザイン　水戸部　功

大学入学共通テスト対応の基礎
30日完成日本史問題集　解答と解法の手引き

2022年11月20日　第1版第1刷　印刷
2022年11月25日　第1版第1刷　発行

著　者　會田康範
発行者　野澤武史
印刷所　明和印刷株式会社
製本所　有限会社　穴口製本所

発行所　　株式会社　山川出版社
〒101-0047　東京都千代田区内神田1丁目13番13号
電話　03(3293)8131(営業)　03(3293)8135(編集)
https://www.yamakawa.co.jp/　振替00120-9-43993